L'ART DE LA COMMUNICATION

AU CŒUR DE LA RELATION

AU CŒUR D'UNE VIE HEUREUSE

L'art de la communication, au cœur de la relation, au cœur d'une vie heureuse.

Du même auteur.

1° Autoformation à la PNL — 2ème édition.

2° Formation PNL, niveau I — Tome 1 : Les bases de la PNL, l'art de la communication et de la relation humaine.

3° Formation à la PNL, niveau I — Tome 2 : Transformez votre vie avec la PNL.

4° Formation à la PNL niveau II : La gestion des émotions.

5° Formation à la PNL niveau III : Réparer son passé avec la PNL.

6° Hypnose ericksonienne, hypnose elmanienne et nouvelle hypnose (620 pages).

7° Rester jeune et même rajeunir et rester en bonne santé (551 pages).

8° Perdez du poids sans jamais en reprendre avec la nutrition et le mental.

9° Un roman : SOLEME

10° Développez votre estime et votre confiance en vous. La clé de votre épanouissement.

11° L'art de la communication, au cœur de la relation, au cœur d'une vie heureuse.

12° La sérénité enfin retrouvée pour une relation enfant/parents apaisée.

13° Retrouvez le sommeil. Techniques et méthodes pour un sommeil de qualité.

14° Aide-toi et prend les rênes de ta vie. Le livre du développement personnel.

15° Stop à l'insomnie. Les troubles, les causes, les solutions.

16° Stop au tabac grâce à l'hypnose et l'autohypnose.

17° Stop à la douleur grâce à l'autohypnose et l'autohypnose guidée.

18° Les 7 clés pour réussir une séance d'hypnose.

19° Les 7 clés de votre santé et de votre longévité.

L'art de la communication, au cœur de la relation, au cœur d'une vie heureuse.

Docteur Robert Larsonneur

« Une vie heureuse passe par de bonnes relations* avec les personnes qui nous entourent »

* À l'exception des personnes atteintes de troubles psychologiques (exemple : pervers narcissiques, paranoïaques…).

L'art de la communication, au cœur de la relation, au cœur d'une vie heureuse.

Dr Robert Larsonneur

L'ART DE LA COMMUNICATION

AU CŒUR DE LA RELATION

AU CŒUR D'UNE VIE HEUREUSE

**NOS PLUS GRANDES JOIES,
NOS PLUS GRANDES DIFFICULTÉS**

**COUPLE - FAMILLE - AMIS – RELATIONS
TRAVAIL - SANTÉ - VENTE – SPORT**

PNL OU PROGRAMMATION NEURO-LINGUISTIQUE

HYPNOSE CONVERSATIONNELLE

ANALYSE TRANSACTIONNELLE

COMMUNICATION NON VIOLENTE CNV

NEUROSCIENCES — PSYCHOPATHOLOGIE

L'art de la communication, au cœur de la relation, au cœur d'une vie heureuse.

L'art de la communication, au cœur de la relation, au cœur d'une vie heureuse.

À Noémie l'amour de ma vie

À Wendy, notre fille que j'aime plus que tout
et qui fait ma fierté de chaque instant.

À Éléna, sa grande sœur, ma fille que j'aime tant
et qui occupe mes pensées et dont je suis très fier.

À tous ceux que j'aime, que j'ai aimés et qui m'ont aimé.

À toutes celles, à tous ceux, qui, par leur méchanceté et
leur toxicité, ont décuplé mes forces.
Je leur pardonne.

L'art de la communication, au cœur de la relation, au cœur d'une vie heureuse.

ISBN 978-2-9588260-7-9

L'art de la communication, au cœur de la relation, au cœur d'une vie heureuse.

L'art de la communication, au cœur de la relation, au cœur d'une vie heureuse.

L'ART DE LA COMMUNICATION

AU CŒUR DE LA RELATION

AU CŒUR D'UNE VIE HEUREUSE

~

SOMMAIRE.

~

    1° Introduction.
    2° La sécurité.
    3° L'écoute.
    4° Observation de votre interlocuteur.
    5° Les trois canaux de la communication.
    6° La congruence.
    7° L'imitation.
    8° Les positions de perception.

~

~

~

1° Introduction.
2° Créé une relation de qualité.
   a) Les principes de Rosenzweig appliqué à l'hypnose conversationnelle.
   b) les quatre points cardinaux de l'hypnose.
3° Fixation de l'attention.
4° Le conscient et l'inconscient.
   a) L'inconscient et le conscient
   b) Une hypnose ouverte et congruente.
   c) Une communication qui concerne l'autre.
   d) Soyez captivant.
   e) Dans un groupe, distribuez la parole.
   f) Soyez impliqué
   g) Les suggestions.

4° Communication d'influence.
5° Conclusion.
6° Exercice.

~

CNV — Communication Non Violente.

1° Introduction.
2° Principes de bases.
3° L'observation.
4° Ce que nous ressentons.
   a) Introduction.
   b) Que ressentons-nous ?
   c) Nos émotions nous empêchent d'accéder à notre
5° Les besoins.

1° Autoformation à la PNL (450 pages)
2° Hypnose ericksonienne, hypnose elmanienne et nouvelle hypnose (620 pages).
3° Rester jeune et même rajeunir et rester en bonne santé (551 pages)
4° Mincir et rester Mince.
5° Un roman : SOLEME
6° Estime de soi, confiance en soi, épanouissement personnel.
7° L'art de la communication, au cœur de la relation, au cœur d'une vie heureuse.

La chaîne YouTube.

L'art de la communication, au cœur de la relation, au cœur d'une vie heureuse.

AVANT-PROPOS.

La communication intervient dans tous les domaines de notre vie. Même seul, vous communiquez avec vous-même.

Ce livre a été écrit à partir de toutes les disciplines que j'ai étudiées ou enseignées. La PNL (programmation neuro-linguistique), l'hypnose (dont l'hypnose conversationnelle, la CNV [communication non violente], l'analyse transactionnelle, les neurosciences, la philosophie et la psychopathologie.

Ce livre n'est pas un livre d'information, mais de **formation** et je peux même dire d'**autoformation**.

Vous le découvrirez par le nombre d'**exemples** et d'**exercices** que je vais vous proposer.

L'art de la communication, au cœur de la relation, au cœur d'une vie heureuse.

INTRODUCTION.
Où nous verrons que tout peut être amélioré !
Que tout peut être changé !

Nous ne sommes pas tous égaux dans notre manière de communiquer. Il est bon parfois de commencer par des évidences.

Il y a à l'évidence dans notre manière de communiquer une partie innée liée à notre tempérament et une partie acquise liée à nos expériences de vie et qui forme notre caractère. Notre manière de communiquer résultera de la somme des deux. Et c'est là que vont intervenir les différents apprentissages.

~

Plusieurs catégories de personnes.

*

La communication fluide.
Pourquoi certaines personnes attirent-elles plus l'attention que d'autres ?
Pourquoi se font-elles plus facilement des amis ou tout simplement des relations ?
On se sent immédiatement bien en leur présence.
Pourquoi sont-elles épargnées par les remarques désobligeantes ?
En apparence, elles ne font aucun effort particulier. Elles semblent très naturelles dans leurs manières de s'exprimer.

Ces personnes, lorsqu'elles liront ce livre, se reconnaîtront souvent.
Elles s'apercevront qu'elles font la plupart des choses naturellement depuis toujours.
Elles trouveront à coup sûr des éléments à ajouter parce que nous pouvons toujours nous améliorer [comme en sport].
Elles peuvent néanmoins rencontrer des difficultés dans certains contextes ou avec des personnes toxiques qu'elles ne comprennent pas. Tout d'abord parce qu'elles les repèrent mal et ne sont pas « équipées » pour lutter contre elles.

*

Les personnes à communication dysfonctionnelle.
D'autres personnes, à l'inverse, feront tout à « l'arrachée ». Elles sont dans une sorte d'éternel combat pour se faire accepter… rien n'est simple. Elles doivent batailler pour convaincre, pour se faire ou maintenir une bonne relation de couple, se faire ou maintenir une bonne relation amicale, des contacts difficiles au travail…
Elles ont une communication dysfonctionnelle… et elle l'ignore.
Comment font-elles ?

*

Et puis, il y a entre les deux un curseur. Ce curseur se promène entre les deux extrêmes. En fonction de nombreux critères, comme le contexte, les informations, la météo… Ces personnes sont influencées par leurs émotions fluctuantes qui peuvent leur donner une allure joyeuse ou taciturne.

*

Les personnes atteintes de névroses.
Ce sont des personnes qui souffrent de troubles névrotiques et qui sont adaptées, non sans difficulté, à la vie en société.
Elles rencontrent beaucoup de difficultés.

Une enfance mal vécue a joué un rôle important et qui va de simples souffrances à **des traumatismes.**

Ces névroses peuvent être plus ou moins handicapantes dans les rapports sociaux. Le niveau de gravité est variable.

*

Les troubles psychotiques ne seront pas abordés dans ce manuel, il nécessite une approche très professionnelle [psychiatrie].

*

Une catégorie à part : les personnalités toxiques.
Elles sont destructrices.
Elles jetteront leur dévolu sur les personnes présentant des difficultés. Elles ne demandent que très rarement de l'aide… c'est plutôt l'entourage qui en a besoin. Elles communiquent par la violence verbale, voire physique ou par la manipulation volontaire ou involontaire [parfois difficile à repérer par un non-professionnel]. Lorsqu'elles ne peuvent être évitées [famille], elles peuvent empoisonner une vie entière.

~

L'art de la communication, au cœur de la relation, au cœur d'une vie heureuse.

CHAPITRE I :
LES PRINCIPES GÉNÉRAUX
SELON LA PNL

[PROGRAMMATION NEURO-LINGUISTIQUE]

~

L'art de la communication, au cœur de la relation, au cœur d'une vie heureuse.

1° Introduction.

Nous aborderons ici les grands principes et techniques de communication de la générale. Nous n'aborderons la communication avec des personnes particulières [personnes toxiques ou simplement difficiles], ou dans des situations spécifiques [relation thérapeutique, vente…] dans un autre chapitre.

~

L'art de la communication, au cœur de la relation, au cœur d'une vie heureuse.

2° La sécurité.
Se sentir à l'aise.

Avec certaines personnes, vous vous sentez immédiatement à l'aise… en sécurité.
Comment s'y prennent-elles ?

*

a) Manifester de l'attention.

Ce sont souvent les premiers instants. Vous allez donner de la chaleur humaine (en fonction du contexte, évidemment), comme si vous allumiez un feu de bois. Attention, ce feu de bois devra être entretenu tout au long de l'échange ou il risque de s'éteindre.

• Accueillir la personne.

Il y a des mots qui sont des rituels comme le « Bonjour », mais ne l'omettez pas suivi par « Comment allez-vous ? ». En fonction du contexte, des questions pourront être posées, comme : « As-tu fait bon voyage ? »

• Même avec les amis très proches :

Vous êtes dans la cuisine et vous devez sortir votre poulet du four. Quelqu'un frappe à la porte, c'est une très bonne amie :
Mauvaise communication :
Vous ouvrez et vous lui dites :
– Bonjour, entre.

Bonne communication :
– Bonjour, entre, installe-toi, excuse-moi, j'ai une urgence dans la cuisine. (Deux secondes de plus et encore vous pouvez le dire en retournant à la cuisine).

Votre amie comprendra

La communication, je vous le redirai, **c'est fait de milliers de petites choses**… comme un petit coup de soufflet sur le feu pour le raviver.

Ce dont les gens se plaignent le plus en cas de retard (SNCF, avion…). C'est de ne pas être informé sur les raisons du retard… et de ne pas avoir d'excuse.

• <u>Les signes d'hospitalité.</u>
Votre voisin vient vous rendre visite pour vous parler d'un problème de poubelles…
Faites-le entrer et offrez-lui quelque chose à boire. S'il décline, insistez une fois.
On dit que les petits cadeaux entretiennent l'amitié, ils entretiennent la bonne relation.
Lorsque j'étais dans la salle de pause, je ne manquais pas de temps proposer à des stagiaires de leur servir en café, ainsi qu'aux secrétaires. La bonne relation **se nourrit de milliers de petites choses.**

*

b) Soyez dans le non-jugement.

~

« Réfléchir, c'est difficile,
c'est pourquoi la plupart des gens jugent. »
Carl Gustave Jung (1875-1961)

~

~

« La plus haute forme de l'intelligence humaine
est la capacité d'observer sans évaluer
Jiddu Krishnamurti (1895-1986).

~

L'être humain est « une machine » à juger et le plus souvent à partir de peu de chose. Nous avons tous nos opinions. Évidemment, nous les prenons pour vraies. Parfois, nous défendons « bec et ongles » des choses dont nous ne sommes même pas certains.
Nous développerons cette notion avec la carte du monde (notre système de référence).
Être jugé, ou se sentir jugé nous met en insécurité psychologique. Ça n'est pas seulement sur les opinions, mais aussi sur la tenue vestimentaire, la couleur de la peau, la religion…

c) Le sourire.

Le sourire est rassurant depuis des temps immémoriaux. Les dents nous ont servi d'armes à une époque très reculée. Les enfants à l'école maternelle en font encore usage.
Nous le verrons plus en détail un peu plus loin.

~

L'art de la communication, au cœur de la relation, au cœur d'une vie heureuse.

3° L'écoute.

• <u>Ne coupez pas la parole</u>.

Le plus souvent, lorsque nous parlons à une personne, nous sommes impatients d'exposer notre point de vue. C'est tellement vrai que les gens ne cessent de s'interrompre, tellement ils ressentent l'urgence de parler. Pendant la période où l'autre personne parle, ils réfléchissent à ce qu'ils vont dire.

• <u>Écoutez… vraiment</u>.

Vous devez pour bien communiquer, consacrer plus de temps à écouter qu'à parler.

> « La parole est d'argent,
> mais le silence est d'or »
> Dicton

Plus votre écoute sera forte et plus la personne aura la sensation que vous vous intéressez à elle. Vous devez être centré sur votre interlocuteur et non pas sur ce qu'il y a autour de vous.
Vous pouvez aller jusqu'à créer une bulle relationnelle.
Je parle de **bulle relationnelle** lorsque l'on en arrive au stade où nous avons l'impression qu'il n'y a plus rien autour de nous. Évidemment, cette bulle relationnelle n'est pas à créer systématiquement. Elle se crée de manière quasi automatique lorsque nous sommes amoureux ou lorsque nous sommes passionnés par ce que dit notre interlocuteur.

> *« Si l'homme a deux oreilles et une bouche,*
> *c'est pour écouter deux fois plus qu'il ne parle »*

Confucius.

• <u>Envoyez des signaux de connexion.</u>

Ce sont les petits mouvements de la tête, ou les petites mimiques qui montrent que vous êtes attentifs à ce que votre interlocuteur dit. Le petit hochement de la tête, le petit sourire…
Les smartphones posent un vrai problème de communication, car ils sont hypnotiques et détournent votre attention d'une écoute à 100 %.

• <u>Les petits mots.</u>

Ce sont des petits mots ou de courtes expressions qui montrent que vous écoutez.
Comme : oui, oui bien sûr, Ok, évidemment, ah oui !

~

4° L'observation de notre interlocuteur.

~

« Si le visage est le miroir de l'âme,
les yeux en sont les interprètes »
Cicéron (-106 — 43).

~

a) Le visage.

Je vais isoler dans le visage le sourire et le regard.
Tout ce que nous ressentons se traduit par une expression sur le visage.

Bien communiquer nécessite d'apprendre à observer son interlocuteur. Le but de cette observation extrêmement fine est de modifier en cas de besoin notre façon de communiquer.
Tout le corps communique des informations. La richesse en muscles d'expressions fait du visage la zone la plus expressive.
Paul Ekman a montré que les 43 muscles faciaux en se combinant leur contraction étaient capables de produire environ 10 000 expressions, dont 3 000 porteuses de sens.
Ce nombre d'expressions est bien trop important et les expressions trop fugaces pour que nous puissions les analyser consciemment.
Cependant, l'inconscient a plus de capacité, il traduira son analyse le plus souvent sous forme d'émotions et de

sensations : « Je suis à l'aise ou mal à l'aise », « J'ai peur ou je suis rassuré… »

Chacun ayant son propre système de référence, il nous arrive souvent de nous tromper. Il est par exemple, possible de confondre la concentration avec la mauvaise humeur, ou une préoccupation personnelle avec une préoccupation professionnelle.

« Il est important de se méfier de nos interprétations et de questionner notre interlocuteur ».

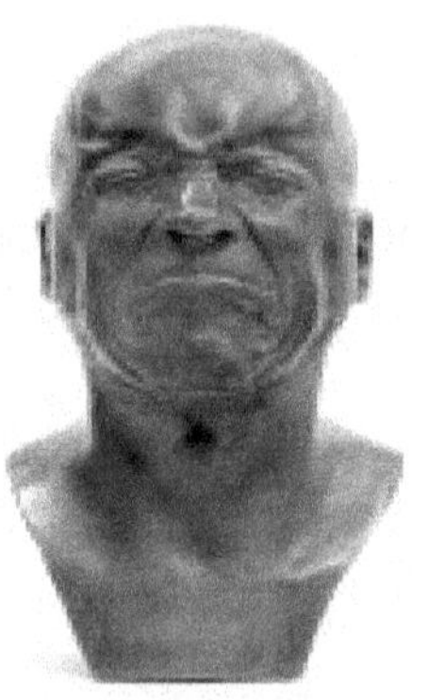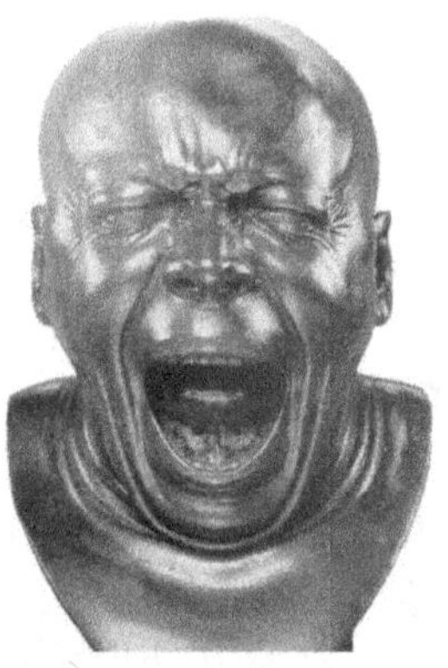

Franz Xavier Messerschmidt,
Sculpteur de grimaces [1736-1793]

Les mimiques données par le visage s'appellent des indicateurs externes.

*

b) Le sourire.

Le sourire est avec **le regard un des éléments les plus importants**. Il envoie depuis des millions d'années un message de sécurité. En effet, un sourire oblige à détendre la partie inférieure du visage, les dents constituent une arme redoutable (les catcheurs n'ont pas le droit de mordre, c'est à peu près la seule interdiction). Ne pas mordre est un apprentissage social, à la maternelle, parfois les enfants se mordent lorsqu'on leur a pris un jouet.

Ne vous y trompez pas, le sourire d'une vendeuse ou d'un vendeur dans un magasin ne signifie pas que la personne a envie de devenir ami avec vous, ça n'est pas un non plus un message de joie (sauf peut-être la perspective de faire une vente 😁). Le sourire commercial est bien mieux que pas de sourire du tout.

Cela a fait l'objet de plusieurs expérimentations.

Un groupe de serveurs (A) devait faire un sourire en prenant la commande dans un restaurant et un groupe (B) a eu la consigne inverse. Le groupe A a reçu le double de pourboire. Le lendemain, les rôles ont été inversés, le résultat a été identique, les personnes qui souriaient ont eu plus de pourboire… à méditer.

Nous ne sommes pas leurrés par le type de sourire, mais il est toujours plus préférable à l'absence de sourire.

Les hommes font davantage confiance à une personne qui sourit (79,3 %) qu'à une personne qui ne sourit pas (51,6 %). Les femmes feraient moins la distinction (58,1 % et 51,6 %).

D'ailleurs, les personnes qui ont une communication dysfonctionnelle, telle que la parole sarcastique l'utilisent pour atténuer leur propos.

*

c) Le regard.

*« Regarde attentivement, car ce que tu
vas voir n'est plus ce que
tu viens de voir. »*
Léonard de Vinci [1452-1519].

Le regard est stupéfiant par toutes les informations qu'il est capable de nous adresser. Mais, attention, il change sans arrêt, il est très fugace. Trois éléments vont intervenir : les sourcils, les pupilles et les muscles orbiculaires.

*

• La pupille.

Elle peut se dilater plus ou moins, le regard sera alors plus noir. Deux cas où elles se dilatent : lorsque l'on est amoureux ou en colère. Il s'agit d'une mydriase, elle est provoquée par l'adrénaline. « Il avait un regard noir de colère ».

*

• Les yeux.

Ils peuvent sortir un peu de leurs orbites : avoir les yeux exorbités, sous l'effet d'une émotion : peur, effroi, surprise.

Les yeux qui restent exorbités en permanence peuvent être le signe d'une pathologie, comme dans le cas de l'hypothyroïdie.

*

• Les sourcils.

Les sourcils peuvent surélever (étonnement), se froncer, et par là même envoyer toute sorte de messages.

*

• L'interprétation du regard.

Très tôt nous avons commencé à apprendre à décoder tous ses messages. Le fait de décoder ces messages est inné, il renvoie à notre sécurité. L'interprétation est du domaine de l'acquis. Lorsque vous alliez faire une bêtise, peut-être que maman ou papa vous ont dit : « Attention, je vais faire les gros yeux ». Vous avez commencé à relier les expressions du regard à des situations à décoder le rire, la tendresse, la colère, l'avertissement. Vous avez vu que maman et papa avaient les yeux plus sombres lorsqu'ils étaient en colère. Tout est entré dans votre inconscient et vous n'avez aujourd'hui plus besoin d'aller chercher dans votre mémoire à quoi correspond tel ou tel regard. Vous êtes devenu inconsciemment compétent.

*« Pour pouvoir élaborer une stratégie,
il va falloir devenir consciemment compétent »*

*

d) Le corps.

Si l'observation du visage est particulièrement importante, il ne faut pas négliger l'observation du reste du corps. Nous nous intéresserons à la posture et aux mouvements.

• <u>La posture</u>.

La posture est la position du corps. Le corps est-il dans une posture ouverte (corps en avant, mains ouvertes…) ou fermée (bras croisés, mains dans les poches ou derrière le dos…) ? La discipline qui s'intéresse à la signification des mouvements du corps est la **synergologie**.

Attention aux interprétations abusives, il faut bien mettre ses mains quelque part. Il est nécessaire de tenir compte du contexte, de savoir poser des questions de contrôle et tenir compte des motifs extérieurs (douleur au niveau d'une épaule, d'un poignet…).

*

• <u>Les mouvements</u>.

Les changements de position du corps sont très intéressants. Les mouvements sont très souvent reliés aux émotions, je dis très souvent parce que nous ne pouvons pas rester immobile comme une statue de marbre.

Là encore, **attention aux interprétations**, les pieds qui bougent ne signifient pas que la personne s'impatiente, mais peut-être tout simplement que vous avez affaire à un hyperactif.

Toutes ces observations doivent être regroupées et corroborées par le questionnement.

5° Les trois canaux de la communication.

Lorsque nous parlons communication, un amalgame est souvent fait entre la communication et la parole. La communication englobe la parole et beaucoup d'autres choses… même au téléphone.

Les mots que nous prononçons jouent un rôle important, ne serait-ce que par les images qu'il fait apparaître dans le cerveau de votre interlocuteur.

Je laisserai de côté les pourcentages d'influence des différents canaux dans la communication, tout d'abord, parce qu'ils sont par contestés par de nombreuses personnes et par l'auteur lui-même (Albert Mehrabian). De plus, ils dépendent beaucoup du contexte et de la nature des mots eux-mêmes. Dites à un arachnophobe qu'il n'y a pas d'araignées dans la maison, ou à une personne : « Vous n'êtes pas nul », vous verrez le résultat.

Nous allons aborder :
- La communication verbale.
- La communication paraverbale.
- La communication non verbale.

~

a) communication verbale.

C'est tout simplement les mots que vous prononcez.

L'imprécision des mots.

Quoi que vous disiez sur une personne, un objet, un phénomène, les mots ne seront qu'une bien pâle description. Si je voulais vous décrire mon appartement même en une journée, vous en sauriez bien moins que ce qu'une caméra vous montrera en cinq minutes.

Les mots n'ont pas le même sens pour tout le monde.

Un exemple extrême, mais qui en dit long.
Un jour, je bavardais avec une personne que je connaissais peu et qui allait devenir l'un de mes meilleurs amis. J'ai prononcé le mot de « camp » terme tout à fait anodin pour moi. Il devait faire référence « aux camps » de louveteaux. Je l'ai vu pâlir. J'ai cru à un début de malaise et je lui demandais s'il allait bien. Il m'a répondu « Ça n'a rien à voir avec toi, une grande partie de ma famille a été exterminée dans les camps de concentration ». Je ne pouvais à cette époque connaître cela de lui. C'est un mot que je n'utilise jamais avec lui et que j'ai pratiquement banni de mon vocabulaire.

~

« Une image vaut mille mots »
Confucius

~

~

Émile Coué donnait la priorité à l'imagination :
« Quand il y a lutte entre l'imagination et la volonté, c'est toujours l'imagination qui l'emporte sans aucune exception ».

~

**« De là à sous-estimer les mots,
il n'y a qu'un pas <u>à ne pas</u> franchir ».**

~

Les mots, la puissance de l'hypnose.
L'hypnose a poussé très loin l'efficacité des mots au travers des suggestions.
Il s'agit en fait de parler au conscient d'une manière anodine et à l'inconscient de manière très forte, sachant que c'est l'inconscient qui nous domine.

Bateson disait de **Milton qui a révolutionné l'hypnose, qu'il était le « Mozart » de la communication**. Les mots ne sont pas faciles à manier, les poètes et les grands écrivains y parviennent, nous sommes loin de la conversation de tous les jours.

– Vous n'êtes pas **obligé** de vous **concentrer** sur votre **respiration**. Le conscient entend tous les mots, l'inconscient, les mots en gras.

– Une **sensation de calme** peut apparaître dès maintenant ou dans quelques instants ou un peu plus tard.
On ne sait **pas quand** ça va se produire, mais ça va se produire ce qui crée une attente sans stress ni échec possible.

– Tu peux rapporter du pain en prenant de l'essence. Suggestion contingente qui lie deux éléments sans rapport, comme s'il n'y en avait qu'un.

*

Les mots « verts » et les mots « rouges ».

Un autre géant de l'hypnose : Dave Elman invitait à ne pas utiliser de mots qui frappent l'imagination : il recommandait, par exemple, de ne pas utiliser le mot piqûre, et même paradoxalement le mot hypnose.

J'ai quant à moi, regroupé les mots en trois catégories « les rouges » à éviter dans de nombreux contextes à l'exception de ceux qui ont à voir avec la sécurité. Les mots verts, les mots qui caressent la moelle épinière dans le bon sens et les mots neutres.

*

• Les mots et expressions rouges (en gras).

– Je vais te faire une piqûre pour que tu n'aies pas mal.

Je préfère :

– Je vais endormir ta dent pour la soigner et qu'elle aille mieux.

– N'ayez pas peur…

– Soyez rassuré !

– Je ne serai pas en retard.

– Je serai à l'heure.

– Pas de problème.

– Tout va bien.

– Avec plaisir.

– Il n'est pas méchant avec les enfants (en parlant d'un chien).

– Il est très gentil avec les enfants.

– Il adore les câlins.

– Arrête de t'énerver.

– Reste calme.

Cependant.
– C'est interdit de traverser en dehors des passages piétonniers.
– C'est très mal de mordre ta petite copine… et non pas :
« Ça n'est pas bien de… »

*

• Les mots verts et expressions vertes.

En gras, les verts, en gras à éviter.

– Ta nouvelle coiffure te va bien.
– Pas mal ta nouvelle coiffure.

– Il ne faut pas ralentir.
– Il faut accélérer

– Taisez-vous.
– Arrêtez de parler.

*

• Mots et expressions neutres.

Ce sont des mots ou expressions qui ne sont pas connotés.
En analyse transactionnelle que nous aurons l'occasion de découvrir, elles seront le fait essentiellement de l'état du Moi Adulte.
– Je vous propose d'ouvrir votre livre à la page douze…

*

Les métaphores.
Elles sont très puissantes, elles sont utilisées en pédagogie, en médecine, en politique…

Pour convaincre aujourd'hui, on limite le langage et nous utilisons beaucoup les images (publicités).

Une boucle de rétroaction.

Deux points à souligner :

• Les mots que vous utilisez sont interprétés, ils ne vous appartiennent pas.

• Les mots que vous prononcez sont influencés par l'idée que vous vous faites de votre interlocuteur.

Les paroles performatives.

Les paroles créent une réalité : « La séance est ouverte », je vous déclare unis par les liens du mariage ». Il y a cependant des conditions et notamment que la personne qui parle soit légitime.

Conclusion :

Les mots sont d'un maniement difficile.

D'une part parce qu'une partie de nos mots émanent de notre inconscient et ont été appris au contact de nos proches.

D'autre part, car les mots n'ont pas exactement la même signification pour tous et qu'il existe des nuances plus ou moins importantes.

Les choses vont se compliquer avec le paragraphe suivant : la communication paraverbale.

~

b) La communication paraverbale.

C'est la manière de prononcer les mots.

La manière de prononcer les mots est très modulée par les **émotions et par l'intensité de l'émotion.**

~

« Pour moi, la vérité d'un personnage a toujours quelque chose à voir avec l'émotion ».
Meryl Streep

~

Imaginons un enfant qui prononce le mot « maman ».
• Il aperçoit sa maman de l'autre côté du portail de l'école, c'est un « maman » de joie.
• Il vient de voir un chien qui lui fait peur, le mot « maman » est teinté de peur.
• Il souffre, il est malade, ce « maman » là sera plaintif.
• Il veut des bonbons à la caisse d'un magasin que sa maman lui refuse… encore une autre façon de prononcer le même mot.

On voit très bien que le ton de la voix est bien plus important que le mot lui-même.

Lorsqu'une personne est passionnée et vous parle avec conviction d'un projet, il s'enflamme et accélère le débit de sa voix.

Mauvaise interprétation :
On peut se méprendre sur la raison d'une voix hésitante (voir la congruence).

Caractéristique de la voix :
* **La fréquence** : aiguë, grave. La fréquence est liée à la taille du larynx.
* **Intensité** : parler fort ou doucement.
* La texture : bariton, basse, contralto, contre-ténor, mezzo-soprano, soprano, ténor.
* **Timbre** : c'est la « couleur » de la voix : rauque, nasillarde, chaude, enveloppante… chacun a une voix bien caractéristique et reconnaissable.
Débit : la vitesse à laquelle on parle : vite, lentement…
* **Prosodie** : décrit les sons du langage au niveau de l'énoncé : variation de l'accentuation et de l'intonation, mise en relief de certains éléments d'une phrase.

~

« Tout condamné à mort aura la tête tranchée. »
Phrase sinistre déclinée sur tous les tons par le jeune
Iréné (Fernandel) dans le Schpountz.

~

Conclusion.

La voix est si caractéristique d'une personne qu'elle est aussi fiable qu'une empreinte digitale ou une analyse ADN. Le paraverbale sera fonction de l'émotion et donc une personne timide, ou manquant de confiance en soi se remarquera. Et vous comprenez qu'il y a plusieurs façons de dire « Je t'aime », certaines sont plus convaincantes que d'autres… pensez-y.

Attention aux interprétations.

~

c) La communication non verbale : la gestuelle.

Nous accompagnons notre discours de mouvements des mains, des bras et de mimiques sur le visage.

Votre interlocuteur décode toutes vos mimiques avec son propre système de référence.

Nous avons précédemment parlé de la posture et des mouvements lors de l'observation de notre interlocuteur.

Soyez naturel.

Éviter de fabriquer des gestes parce qu'on vous a dit ou que vous avez lu que ces gestes signifiaient confiance en soi, ouverture vers les autres, dynamisme.

Ne les forcez pas, il vaut mieux montrer que l'on manque d'assurance ou que l'on est anxieux plutôt que de paraître faux.

Entraînez-vous devant un miroir si vous souhaitez changer votre gestuelle.

Attention aux gestes parasites.
Ils ne renforcent pas votre message.
- Mettre et enlever machinalement vos lunettes.
- Faire tourner un stylo entre vos doigts.
- Jouer avec son alliance ou une bague.

*

Nous avons tous observé une personne parler avec les mains lorsqu'il conversait au téléphone. Nous avons tous vu dans les transports en commun une personne passer d'un visage triste ou tout au moins fermé devenir rayonnante avec un large sourire lorsqu'une personne l'appelait.

J'ai évoqué le sourire en ce qu'il avait de rassurant. Je vais aller un peu plus loin.
La distinction entre vrais et faux sourires date de 1862 à la suite des travaux du médecin neurophysiologiste français Guillaume Benjamin Duchenne [1806-1875].

Faux et vrais sourires sont très proches, en réalité ils diffèrent légèrement, car ils ne mobilisent pas les mêmes muscles du visage, et ne sont pas contrôlés par les mêmes zones du cerveau.

Dans **les faux sourires** (volontaires) ce sont les zygomatiques qui contractent les joues : ils tirent les angles de la bouche vers l'extérieur.

Les vrais sourires (sourire de Duchenne) sont générés de manière **inconsciente**. C'est la zone du cerveau qui traite **les émotions** qui est en activité.
En plus des muscles qui soulèvent les joues, il y a intervention des muscles orbitaux « orbicularis oculi », ce

qui provoque un pli caractéristique au niveau des yeux et des sourcils.

Nous savons très bien faire la différence entre un sourire spontané et fabriqué.
Un barman touche en moyenne deux fois plus de pourboires quand il sourit. Une autostoppeuse augmente par deux les chances qu'une voiture s'arrête.

Conclusion.
Les trois canaux de la communication sont importants.
Pour être efficace en ce qui concerne la communication, il faut que les trois canaux fonctionnent à l'unisson, c'est-à-dire dans le même sens, c'est ce que nous appelons la congruence. C'est ce que nous allons découvrir maintenant.

~

6° La congruence.

a) définition.

Il y a congruence lorsque les trois canaux de la communication fonctionnent dans le même sens, à savoir ce que la personne dit est cohérent avec sa manière de dire (le paraverbal) et est cohérent par rapport à ce que je montre la gestuel.

b) Prenons un exemple.

Exemple 1.

Pierre doit se rendre à deux entretiens d'embauche. Le premier concerne un emploi qui ne l'intéresse pas beaucoup et est situé loin de son domicile. Le second est l'emploi idéal pour lui, de plus il est beaucoup plus facile et rapide de s'y rendre.

Pierre se rend à son premier entretien, malgré ses efforts, il ne parvient pas à être congruent, ses phrases sonnent faux et sa gestuelle ne respire pas l'envie et la motivation.
Il ne sera pas recruté.

Lors du deuxième entretien, Pierre est très stressé à cause de son premier échec, il a absolument besoin de travailler. Du coup, à plusieurs reprises, il va bafouiller, il s'en rend compte et perd ses moyens.
Il ne sera pas recruté.

Quelle est la bonne stratégie ?

La bonne stratégie est la préparation mentale.

Qu'est-ce qui est vraiment important pour Pierre : travailler. Sinon : il va rencontrer des difficultés financières, il n'y aura pas de vacances et une rentrée scolaire problématique pour ses enfants.
C'est à cela que Pierre doit se connecter mentalement : voir des images de vacances, de rentrée scolaire réussie. Son état d'esprit change, il est motivé et Pierre sera recruté.
Il se présente au deuxième poste. Il a déjà eu une victoire, l'enjeu n'est plus le même. Du coup, il est libéré et montre le meilleur de lui-même. Il sera recruté et choisira le deuxième poste.

Être congruent donne énormément de puissance à sa manière de communiquer.

c) L'incongruence.

L'incongruence ne signifie pas que la personne ment ou dissimule, mais le plus souvent que la personne n'est pas « au clair », il y a chez la personne des contradictions. Ces contradictions se manifestent au niveau verbal et non verbal, les messages émis divergent.

« Un jeune homme est amoureux d'une jeune fille. Ils ont chacun leur appartement. Il sait que se posera très bientôt la question d'habiter ensemble. Malgré les sentiments pour la jeune fille, il n'est pas prêt à abandonner son appartement dans lequel il fait régulièrement des fêtes avec ses amis, notamment pendant les matchs de foot et rugby. Un jour, sa petite amie lui pose la question "Tu m'aimes ?". Et là, il comprend que la question suivante sera celle qu'il redoute. Il lui répond que oui, il l'aime, mais sur un ton de voix "mi-figue, mi-raisin" et une communication non verbale manquant clairement d'enthousiasme... il est

connecté à son appartement et non pas à la vraie question ».

d) Conclusion.

La congruence est vraiment importante pour avoir une communication puissante.
Il est souvent important de se mettre au clair entre les différentes parties de nous-mêmes.
Le but étant d'éviter les interprétations inappropriées.

Il est important à ce stade de clarifier deux notions : la sincérité et le mensonge.

e) La sincérité.

Est-ce qu'être sincère, c'est dire ce que l'on pense ?
C'est ce que font les enfants sans aucune arrière-pensée.
– Maman, pourquoi est-il petit, le monsieur ?
Est-ce que si je n'aime pas une personne, je dois le lui dire ?
Confucius est venu à mon secours :

~

« Être sincère, ça n'est pas dire ce que l'on pense, mais penser ce que l'on dit ».
Confucius (-551 -479).

~

Si, par obligation, nous sommes obligés de faire un compliment parce que vous êtes invité, et que vous trouvez la robe de la maîtresse de maison effroyable ! Comment faire ?

Mentir ? Vous allez vous retrouver dans une incongruence manifeste. Le mieux est de ne rien dire sur la robe et faites un compliment sincère sur autre chose.

f) Le mensonge.

Le mensonge est un vilain défaut, dit-on ? Curieuse phrase, puisque la plupart des gens pour ne pas dire tous mentent pratiquement tous les jours, de petits mensonges, mais pas toujours.

Et puis, il y a les mensonges qui durent. Les parents mentent à propos du père Noël.

Y a-t-il antinomie entre mensonge et sincérité ?

Bien des personnes ont menti pendant les différentes guerres pour sauver des vies. Un mensonge est une affaire de contexte et de sincérité par rapport à nos convictions et nos valeurs. Mentir pour sauver un enfant juif, recherché par la Gestapo, c'est être sincère par rapport à ses valeurs.

Mensonge et confiance.

Le problème du mensonge est plus la perte de confiance en la personne qui ment.

~

« Ce qui me bouleverse, ce n'est pas que tu m'aies menti, c'est que désormais, je ne pourrai plus te croire »
Friedrich Nietzsche (1844-1900).

~

g) Conclusion.

Pour bien communiquer, le plus important est la congruence. La sincérité est très importante, mais sincérité plus par rapport à nos valeurs que par rapport à ce qui est. Quant au mensonge, il est parfois une nécessité… pour sauver une vie, par exemple.

~

L'art de la communication, au cœur de la relation, au cœur d'une vie heureuse.

7° L'imitation.

En PNL on parle de synchronisation. C'est la partie qui me gêne le plus dans cette belle discipline.

La synchronisation est-elle manipulatrice ?

La synchronisation est à utiliser avec prudence parce qu'elle est fortement manipulatrice, surtout lorsqu'elle est utilisée à mauvais escient.

*

Une utilisation éthique de la synchronisation.
Je propose une utilisation éthique de cette technique.
La synchronisation existe depuis la nuit des temps.
Son rôle : assurer une cohésion dans un groupe humain afin qu'il s'organise pour survivre dans une nature hostile où régnait un terrible prédateur : l'être humain : « homo homini lupus », « L'homme est un loup pour l'homme » de Plaute en 212 avant J.-C. Nous savons maintenant que le loup est un animal beaucoup plus gentil que l'homme.

*

• Peut-on manipuler une personne avec éthique ?

Oui, bien évidemment, quand c'est dans l'intérêt unique de l'autre personne !

Quel parent n'a pas un jour fait un chantage à son enfant pour qu'il mange ou qu'il fasse ses devoirs ?
On préférerait faire autrement, mais parfois, il faut le reconnaître, être parent n'est pas simple tous les jours.
Un médecin peut tenir des propos un peu manipulateurs pour qu'un de ses patients suive bien le traitement qui lui est indispensable, voire lui donner de l'espoir. On sait qu'à lui seul, l'espoir peut parfois faire guérir.

~

« C'est la foi qui produira des miracles, vraie ou
fausse, elle produira toujours
les mêmes prodiges ».
Paracelse [1493-1541] célèbre médecin suisse.
~

De la même manière, je suis prêt à manipuler quelqu'un pour l'empêcher de se suicider.

*

Je pourrais multiplier à l'infini ces situations… elles sont toutes dans l'intérêt de la personne.

Qu'en est-il lorsqu'il s'agit de manipuler une personne pour l'amener à acheter quelque chose dont elle n'a pas besoin ?

*

a) Qu'est-ce que la synchronisation ?

Se synchroniser, c'est adopter le mode de fonctionnement de l'autre.

À l'origine, le rôle de la synchronisation était d'assurer la cohésion d'un groupe. **La synchronisation crée du lien**. Pour Homère (VIIIe siècle av. J.-C.) : « Qui se ressemble s'assemble ». Loi corroborée par une étude scientifique d'Amy Zhao.

*

b) Sur quoi se synchroniser ?

Nous avons de nombreux points sur lesquels nous pouvons nous synchroniser.

*

• Synchronisation sur la gestuelle.

Il s'agit d'adopter la même gestuelle de la personne en miroir. Cette synchronisation ne vous implique pas beaucoup. C'est un jeu auquel se prêtent parfois les enfants. On apprend aussi à imiter les gestes d'un sportif.

*

• Synchronisation sur la tenue vestimentaire.

Porter les mêmes vêtements crée un esprit de corps. Ce qui est évidemment très marqué chez les militaires… mais aussi chez les ados. Pour se rendre à une soirée, on se renseigne sur la tenue à adopter.

*

• Synchronisation sur une activité.

Les personnes qui pratiquent le même sport ou qui encouragent la même équipe se regroupent en club. On pourrait dresser une liste très importante d'occasions de se synchroniser : les échecs, la pêche, la chasse, l'automobile…

*

• Synchronisation sur le langage.

Les Français constituent un groupe, les Anglais, les Allemands…

*

• Synchronisation sur les émotions.

Nous ressentons les émotions des autres, c'est l'empathie. La tristesse d'une personne nous rapproche d'elle, mais aussi les émotions positives, le rire.

*

• Synchronisation sur les valeurs.

Cette synchronisation est plus puissante, car elle porte sur notre socle. Les personnes qui partagent les mêmes valeurs se regroupent en partis politiques, en syndicats…

*

• Synchronisation sur les croyances, les opinions.

Bien sûr croyances sur soi, les autres, le monde auxquelles il faut ajouter les croyances religieuses… les croyances politiques.
Nous sommes attachés à nos croyances comme un alpiniste à sa paroi. Quel bonheur lorsque nous rencontrons quelqu'un avec qui nous partageons le même point de vue ! Parfois que de colères, que de

violences lorsque nous ne sommes pas du même avis sur une chose… nous nous sentons en danger !

*

• **Synchronisation sur l'idéal, la vision, le rêve.**

Les personnes qui partagent le même rêve, le même idéal se synchronisent fortement… et s'enthousiasment ensemble, ce qui ajoute la synchronisation émotionnelle.

~

L'art de la communication, au cœur de la relation, au cœur d'une vie heureuse.

8° Les positions de perception.

La technique des positions de perception est une formidable technique lorsque vous avez quelque chose d'important à demander à quelqu'un.

Avant de décrire la technique, il est important d'attribuer à votre interlocuteur ce que nous appelons **une intention positive**… il ne veut pas vous nuire. Si vous ne lui donnez pas d'intention positive, alors, tout est bloqué.

Si vous pensez qu'il a une mauvaise intention, **faites comme si,** il avait une bonne intention et cherchez là pour sortir de l'impasse.

*

Un peu de magie.

Imaginez que vous ayez un pouvoir extraordinaire digne des films de science-fiction : celui de rentrer dans le cerveau de l'autre (N2) et d'adopter ses opinions, ses valeurs, tout ce qui est important pour lui.

Évidemment, dans « mon film », vous auriez la possibilité de redevenir vous-même (N1) dès que vous le souhaitez. Vous auriez même la possibilité de devenir une autre personne (N3) qui observe vous et votre interlocuteur.

*

Les personnages et les positions de perception.

• Lorsque vous êtes vous-même (N1), on dit que vous êtes en **position 1 (P1).**

• Lorsque votre esprit « pénètre » le cerveau de l'autre (N2) au point de penser comme lui, vous êtes **en position 2 (P2)**.
• Lorsque votre esprit « pénètre dans le cerveau d'une tierce personne **observatrice et neutre**, vous êtes **en position 3 (P3)**. On appelle également cette position une position méta.

1) Vous faites une demande, donc en position 1 (P1).
– J'aurais besoin de partir à 16 heures vendredi.

2) Juste après, vous pouvez aller dans l'esprit de l'autre, c'est-à-dire **en position 2 (P2)** et voir comment il reçoit les demandes. Vous pouvez, par exemple, percevoir ses ressentis et aussi ses éventuelles oppositions… Vous êtes en quelque sorte l'autre.

3) Cette personne N2 vous fait une réponse.
Cette réponse est fonction de tout ce qu'il y a dans son esprit : ses critères, ses valeurs, ses croyances, ses expériences, ses besoins… c'est ce que nous appellerons dans le chapitre suivant sa carte du monde.
– Malheureusement, ça n'est pas possible, je reçois un client important et j'ai besoin de vous.

4) Votre esprit à la possibilité d'aller dans le cerveau de la personne neutre.
Elle vous fait un compte rendu objectif.
Elle le fait en connaissance de cause, car elle vous connaît et connaît votre interlocuteur. Cependant, elle reste dans la neutralité, elle est très factuelle.
– Une personne (N1) fait une demande et la personne N2, lui dit que, malheureusement, ça n'est pas possible du fait d'un rendez-vous important.

Vous allez ensuite réintégrer votre esprit. Vous connaissez les effets de votre question sur la personne N2.

5) Vous pouvez donc en tenir compte et **reformuler votre question en fonction de ce que vous venez d'apprendre**.
– Je sais que vous recevez un client important vendredi, néanmoins, j'ai un impératif, et il faudrait que je puisse partir vendredi à 16 h. Pourrions-nous voir ensemble s'il y aurait une solution ?

6) Et vous refaites « un tour » : passage en deux, puis en trois et enfin retour chez vous.

7) Vous continuez ainsi jusqu'à ce que la question soit suffisamment enrichie pour obtenir l'accord de personne N2.

Vous n'avez pas de pouvoir magique permettant de passer d'un esprit à un autre, alors, faites comme si et essayez d'imaginer ce qui se passe dans la tête de votre interlocuteur, **ET SOUVENEZ VOUS DE L'INTENTION POSITIVE.**

Si vous avez vu le film : « Un jour sans fin » dans lequel Phil Connors (joué par Bill Murray), un journaliste TV, part en reportage avec Rita sa productrice (Andie McDowell) dans un lieu perdu… je ne vous en dis pas plus… Vous verrez comment fonctionnent les positions de perception.

CONCLUSION

Les positions de perception permettent d'augmenter ses chances d'obtenir quelque chose d'important. Elles consistent à se mettre à la place de l'autre pour voir les choses sous un autre angle.

En d'autres termes, de voir les choses avec **la carte du monde de l'autre**, concept que vous allez découvrir dans le chapitre suivant.

~

CHAPITRE II :
LA CARTE DU MONDE.

~

« Je vois le monde tel que je suis »
Paul Éluard

~

~

« L'homme est ce qu'il croit »
Anton Pavlovitch Tchekhov

~

L'art de la communication, au cœur de la relation, au cœur d'une vie heureuse.

1° Introduction.

La carte du monde est autant un outil de communication que de changement.

Nous l'aborderons ici sous l'angle de la communication.

Le concept de carte du monde est ancien, il date de 1933. Alfred Korzybski (sémantique générale) affirme en 1933 qu'il ne faut pas confondre la réalité avec la représentation que chacun se fait de la réalité, il en a donné une traduction métaphorique : **la carte n'est pas le territoire.**   [Le mot chat ne griffe pas].

Magritte montrant le tableau représentant une pipe dira : « Ceci n'est pas une pipe ». En effet, c'est la représentation d'une pipe.

Le monde est unique, avec tout ce que nous percevons et tout ce que nous ne pouvons pas percevoir.

Devant cette unicité du monde et de l'univers, il y a une infinité de manières différentes de se les représenter, de cartes… chacun ayant la sienne.

Et chacun tient à sa carte du monde comme à la prunelle de ses yeux et la défend, parfois bec et ongles. D'où tous les conflits qui nous opposent.

*

a) La carte n'est pas le territoire qu'elle décrit.

• Notre système de perception.

Bien que très sophistiqué, il est insuffisant pour percevoir tout du monde qui nous entoure. Notre perception est incomplète et déformée (filtres et processus).

• Notre système de représentation (mentale).

Ce qui nous entoure n'est pas la copie exacte et conforme du monde. La représentation que nous nous faisons de la réalité est personnelle.

*

b) Chaque carte est unique.

Chaque être humain se promène dans la vie avec son propre mode de fonctionnement.
En conséquence, chacun capte ce qui se passe autour de lui **d'une manière unique**.
Ce qu'il en fait est également unique.

Notre perception de la réalité et les représentations que nous en faisons sont personnelles.
Prenons la France (le territoire France), il existe une multitude de cartes qui la représente : carte des autoroutes, des chemins de randonnée, des vignobles, des hôtels, etc.
Chaque carte représente la France, mais aucune n'est la France. Quelle est la meilleure carte ?
Il n'y en a pas, ça dépend de ce que vous voulez en faire.
Pour aller de Brest à Marseille en voiture le plus vite

possible, la carte la plus appropriée est la carte des autoroutes.

*

c) Il n'y a pas de cartes plus vraies qu'une autre.

• Chaque carte a du sens, on peut dire est vraie (en tant que carte),
• Il y a simplement des cartes qui permettent mieux que d'autres, à certains moments et dans certains contextes, d'atteindre un objectif.

*

d) Plus on a de choix, mieux c'est.

Un automobiliste ne disposant que d'une seule carte (la carte des autoroutes), n'aura pas d'autres possibilités, d'autres choix que de prendre l'autoroute… ça limite !

Parfois, il peut y avoir adéquation entre le contexte et l'unique carte de notre automobiliste, parfois pas ! Idéalement, il est hautement préférable de disposer de plusieurs cartes !

*

e) Conclusion.

L'implication en ce qui concerne la communication est considérable. Lorsque je défends mon point de vue, je ne défends pas un point de vue universellement admis, mais le mien. Ce point de vue est en cohérence avec ma carte du monde, mais pas nécessairement le bon. Il est légitime que d'autres personnes aient des points de vue différents.

Un jour, alors qu'il fait une conférence, Paul Watzlawick 1921-2007) est vivement interpellé par une personne. Il lui répond calmement : **« Vous avez tout à fait raison… de votre point de vue »**. Nous devrions faire preuve de plus de souplesse vis-à-vis de ce que nous croyons être vrais.

Si l'écart est trop grand entre les deux cartes du monde, il faut savoir « botter en touche ». J'ai eu l'occasion de commencer à discuter avec un platiste, il m'affirmait que la terre était plate. J'ai interrompu la conversation avec courtoisie.

~

2° Comment construisons-nous notre carte du monde ?

Nous ne rentrerons pas dans les détails quant à la manière de construire notre carte du monde. Ce n'est pas l'objet de ce livre. (Voir référence du livre de PNL à la fin de cet ouvrage).
Nous construisons notre carte du monde à partir de filtres et de mécanisme.

*

a) Les filtres.

• Les filtres neurologiques.

Ce sont nos limitations dues à nos organes des sens des organes des sens. Nous ne voyons pas l'infiniment petit ni ce qui est très loin. Nous ne percevons pas non plus comme les autres animaux.

• Les filtres socioculturels.

Nous sommes fortement influencés par notre milieu social et par notre culture.

• Les filtres familiaux.

Chaque famille a son histoire, ses valeurs et sa culture.

• Les filtres individuels.

Aucun des enfants d'une famille n'a le même tempérament (hérédité) ni le même caractère (expériences de vie). La somme des deux donnant notre personnalité.

*

b) Les mécanismes.

• La généralisation.

Pour construire notre carte du monde, nous avons une forte tendance à généraliser pour le meilleur et pour le pire.

– Vous êtes tous pareils.

– Il n'y en a pas un pour racheter l'autre.

Nos généralisations peuvent caractériser une expérience, une situation, une population…

L'avantage, c'est que cela nous permet de mettre en place des apprentissages.

L'inconvénient c'est que nous mettons « tout le monde dans le même sac »… ce qui peut nous conduire au racisme, à la xénophobie…

• La sélection.

Nous construisons également notre carte du monde en sélectionnant autour de nous ce qui correspond à notre carte du monde. Ce qui, bien évidemment, renforce notre carte du monde.

• La distorsion.

Nous construisons également notre carte du monde en déformant ce que nous percevons autour de nous pour, là encore, renforcer notre carte du monde.

~

3° Conclusion sur la carte du monde.

Notre carte du monde est notre système de référence.
Nous jugeons les personnes, les évènements par rapport à notre carte du monde.
Si nous mettons de la souplesse dans notre système, nous pouvons analyser avec le moins de subjectivité possible ce qui nous entoure. À l'inverse, si nous sommes rigides, nous risquons des rapports humains tendus.
Chacun pense que sa carte du monde est le monde, ce qui n'est pas le cas. Nous sommes très attachés à notre carte du monde, elle nous sécurise, nous sert de repère pour avancer dans la vie, ou nous plaindre…

~

L'art de la communication, au cœur de la relation, au cœur d'une vie heureuse.

Conclusion sur la PNL.

• Bien communiquer commence dès la première seconde, donc l'accueil.
Parfois même, avant si la personne a eu des informations sur vous de la, part d'un tiers.
Il est donc important de bien communiquer avec tout le monde, car vous pouvez partir d'un a priori positif ou négatif.
Le début de la prise de contact est essentiel.

Si votre objectif est de bien communiquer :

« Le commencement est beaucoup
plus que la moitié de l'objectif »
Aristote (384-322 av. J.-C.)

• Bien communiquer nécessite d'être en contact « intense » avec votre interlocuteur autant par votre écoute et par l'observation.

• Bien communiquer implique de ne pas interpréter et donc de savoir poser des questions au moment opportun et en fonction de ce qui vous semble utile.

L'art de la communication, au cœur de la relation, au cœur d'une vie heureuse.

CHAPITRE III : LE CHARISME.

L'art de la communication, au cœur de la relation, au cœur d'une vie heureuse.

1° Introduction.

Je ne peux que vous inviter à développer votre charisme qui, bien évidemment, facilite la communication.

Il existe plusieurs formes, il est évident que l'on ne peut qu'opposer le charisme d'Hitler (Adolf Hitler. La séduction du diable, selon Laurence Rees) et celui de Mahatma Gandhi ou de Nelson Mandela ou encore celui du Pasteur Martin Luther King. Ils ont cependant en commun d'être des guides pour leur population.

Seul le charisme bienveillant devrait-être appelé charisme. On parle d'ailleurs plus pour Hitler de fascination des foules ou de magnétisme.

Le charisme est souvent rattaché à quelque chose de plus ou moins magique lié à une sorte de rayonnement invisible proche de l'aura.
Étymologiquement, charisme signifie grâce d'origine divine.

En réalité, le charisme est la conséquence de plusieurs facteurs qui procurent à une personne un certain prestige, un certain ascendant sur les autres.

Le charisme n'existe que dans le rapport aux autres, c'est donc l'expression de la communication d'une personne (émetteur) vers une autre personne (le récepteur). Si la communication verbale joue un rôle dans le charisme (parfois négatif), c'est surtout la communication para verbale et non verbale qui doit retenir toute notre attention.

Ces deux canaux de la communication viennent de l'intérieur, ils sont corrélés à l'estime de soi et la confiance en soi.

~

2° Points essentiels à développer pour accroître son charisme :

• L'estime de soi.

C'est la valeur que nous nous attribuons. Elle découle de l'amour inconditionnel que nous avons reçu de la part de nos parents et de personnes très importantes pour nous. Si vous avez reçu cet amour-là, alors vous partez avec un gros avantage dans la vie. Cependant, sachez que nous pouvons le perdre si nous rencontrons des personnes qui nous dévalorisent.
Vaste sujet, évidemment. Je vous renvoie à mon livre, estime de soi, confiance en soi, épanouissement personnel.

*

• La confiance en soi.

Elle est reliée à votre confiance pour réaliser des choses et à apprendre si vous ne savez pas faire.
Là encore, elle trouve sa source dans l'enfance. Ce sont les compliments justifiés lorsque nous **avons fait quelque chose de bien.** C'est donc une marque d'attention conditionnelle.

*

• L'assertivité.

Elle mérite un grand développement que nous ferons un peu plus loin.

*

• La sincérité. (Penser ce que l'on dit).

*

• La congruence.

Comme nous l'avons vu, il s'agit de mettre en phase les trois canaux de la communication.
La personne charismatique a développé une aptitude à se mettre au clair.
Elle sait aussi dire :
– C'est une question à laquelle je n'ai pas de réponse pour le moment, je vous promets d'y réfléchir au plus vite.

~

« Ce que l'on conçoit bien s'énonce clairement,
Et les mots pour le dire arrivent aisément ».
Nicolas Boileau (1636-1711).

~

*

• La cohérence interne et la cohérence externe.

<u>Une personne est en cohérence interne.</u>
Lorsqu'une personne est en accord avec ce qu'elle fait, qu'elle a les compétences, que ses croyances et ses valeurs sont au même diapason que ce que je viens de citer et qu'en plus, tout cela lui correspond.

<u>Une personne est en cohérence externe</u>.

Lorsqu'elle est en accord avec son environnement (où, avec quoi, avec qui…) et son idéal, ses rêves, ses aspirations profondes.

<u>Une personne est dite alignée.</u>

Lorsqu'elle est en cohérence interne et en cohérence externe, on dit qu'elle est alignée.

<u>Conclusion.</u>

On comprend aisément qu'une personne alignée verra son charisme augmenté.

~

3° Neuf points à travailler pour développer votre charisme.

a) Votre regard.

Le regard doit être franc sans être agressif, établir un vrai contact sans être intrusif.

Il doit se poser délicatement comme s'il prenait soin de la personne sur laquelle il se pose.

Regardez une personne dans les yeux sans excéder deux à trois secondes, au-delà naît un malaise (sauf chez les gens amoureux). À l'issue de ce regard, vous devez pouvoir dire quelle est la couleur des yeux de votre interlocuteur.

Le regard est le reflet de l'âme. Le regard est directement lié à l'intensité des émotions (état interne), il traduit nos pensées (processus mentaux).

Il est très difficile à une personne de déguiser un regard d'envie, de jalousie, de haine, de pitié… Le fait est que, bien souvent, nous ne sommes pas conscients que notre regard transporte nos messages.

Parfois, à l'inverse, trop conscient que nous avons des choses à cacher, notre regard devient fuyant.

Ayez conscience de la puissance de votre regard, soyez convaincu qu'il reflète ce que vous ressentez et ce que vous pensez. Apprenez à l'utiliser.

*

b) L'assertivité.

L'assertivité est un élément essentiel du développement du charisme.

L'assertivité est à la croisée des chemins de l'estime de soi, de la confiance en soi et de l'affirmation de soi.

> *« Le premier qui dit la vérité.*
> *Il doit être exécuté ».*
> Guy Béart.

La peur de dire la vérité est bien réelle… lorsqu'elle n'est pas bonne entendre.
C'est pour cette raison que la plupart des gens préfèrent un petit mensonge de « confort ».
Avec une bonne dose d'assertivité, vous oserez dire à votre interlocuteur ce que vous pensez sans le blesser.

~

> *« Personne ne peut vous faire*
> *sentir inférieur sans votre consentement ».*
> *Eleanor Roosevelt*
> *Première dame des États-Unis de 1933 à 1945.*

~

Il arrive que des personnes qui souhaitent s'affirmer le fassent de façon relativement brutale, comme si seule la colère leur permettait ou même les aidait à s'exprimer. Complètement à l'opposé, d'autres ne s'affirment pas… même pour défendre ce qui est essentiel pour eux. Nous l'avons vu avec les positions de vie sociale.

*

Il n'existe pas une, mais plusieurs façons de réagir dans des situations où on doit dire les choses telles qu'elles sont et telles qu'elles devraient être.

*

Différentes façons de réagir face à une personne qui s'impose de manière inappropriée.

*

• La fuite.

Je commence par elle parce qu'à mes yeux, ça fait partie des bonnes options. Nous pouvons citer le livre d'Henri Laborit : « Éloge de la fuite ».

« Si je suis face à un homme ivre. Quel est l'intérêt de lui faire face, la meilleure attitude est de partir, sauf évidemment si je dois protéger une personne ?
Face à un pervers narcissique, à une personne toxique, y a-t-il meilleure attitude que de battre en retraite ?
Les plus grands chefs militaires le savent bien : un retrait vaut mieux qu'une défaite ».

*

• La manipulation.

Cette option ne me convient guère. Elle est contraire à mes valeurs.
Cependant, tout est affaire de contexte.
J'ai lu qu'en cas d'agression dans le métro, il valait mieux crier « Au feu ! », « Qu'au secours ! » pour attirer l'attention des usagers. Il y a bien mensonge et manipulation des usagers. Nous sommes dans une situation de survie.
Dans l'art de la guerre, il y a toujours tentative de manipulation de l'adversaire et de l'opinion publique. Pour prendre un exemple ancien, les services secrets

britanniques ont fait croire que le débarquement aurait lieu dans un premier temps en Norvège, puis à Calais.

<u>Conclusion</u>.

Sauf dans des situations extrêmes, il vaut mieux éviter la manipulation. Pour continuer dans le registre de la guerre, vous pouvez gagner une bataille, mais perdre la guerre.

Certaines personnes font carrière de ce mode de communication. Je connais une personne qui fonctionne de cette manière et elle en paie, malheureusement pour elle, le prix fort.

*

• L'agressivité.

C'est l'option que j'ai évoquée en introduction, c'est en effet un mode opératoire souvent utilisé avec le risque que les choses s'enveniment. Là encore, ce mode opératoire détestable est parfois nécessaire pour se protéger de personnes toxiques.

L'agressivité est toujours un échec de communication dont il faut prendre la responsabilité. Plus vous aurez de charisme et moins vous aurez à utiliser cette option.

Le plus souvent les personnes qui se mettent en colère le font, car l'une de leurs valeurs fondamentales a été bafouée.

*

• La soumission.

C'est une position basse que peuvent choisir les personnes présentant une insuffisance de confiance en elles. Surtout si elles font face à une personne toxique. Elles espèrent acheter la paix, elles se trompent, la soumission les fragilise et renforce la personne toxique.

*

Alors, que reste-t-il en dehors de la fuite qui, dans certains cas, est une option envisageable, même bonne ?

*

• L'assertivité.

C'est l'affirmation de soi dans le respect de l'autre.

Les pays anglo-saxons parlent d'assertiveness que les Français ont maladroitement traduit par assertivité.
L'affirmation de soi sera vue dans le cadre de l'analyse transactionnelle.
Nous verrons qu'il s'agit d'adopter une posture spécifique que l'on appelle État du Moi Adulte. Position très factuelle qui développe le charisme.

~

c) Le langage du corps. (Ne « sur-jouez » pas).

Faites parler votre corps, mais ne lui faites pas dire n'importe quoi !
Dès l'enfance, nous apprenons à maîtriser notre langage verbal, à construire des phrases, puis à développer une argumentation. Combien de temps et d'efforts avons-nous consacrés à l'apprentissage du langage du corps ?
Si je veux induire chez mon interlocuteur une sensation de confiance et de détente, quels sont les gestes que je dois faire ?
Quelles doivent être les positions des mains, du corps, de la tête ?
• Face à une personne, comment placez-vous vos pieds ?
Bien à plat ?
Parallèles ?
Êtes-vous immobile ou passez-vous d'un pied sur un autre ?

• Comment sont votre colonne vertébrale, vos épaules, votre tête ?

Je vous invite à vous mettre tout simplement devant un miroir et à vous observer dans une position dite neutre, puis apprenez tout simplement à faire vos « gammes ».

Le langage du corps est influencé par vos émotions et vos sensations et inversement, si vous voulez agir sur vos états internes, vous pouvez commencer par adopter la bonne posture.

Vous voulez inspirer la confiance :
• Redressez-vous (sans rigidité).
• La tête bien droite.
• Respirez tranquillement (respiration abdominale).
• Ayez un regard direct, franc, et faites venir des images de confiance, repensez à votre dernière réussite.
• Vous pouvez aussi imaginer une personne qui a confiance en elle et voir comment cette personne se comporte, se place et bouge.

~

d) Présence à soi, présence aux autres.

~

« Il est rare quand on ment que tout s'accorde :
le regard, la voix et l'attitude ».
Madeleine Ferron (1922-2010).
Romancière, animatrice de radio.
~

Assumez ce que vous êtes et ce que vous faites :
Certaines personnes semblent toujours désolées
- D'être là où elles sont,
- De faire ce qu'elles font,
- De ne pas faire ce qu'elles ne font pas.
- D'avoir ce qu'elles ont ou de ne pas avoir ce qu'elles n'ont pas !

Ainsi :

• Avant une intervention en public :
– *Excusez-moi je risque d'être un peu long.*
De deux choses l'une, ou vous êtes vraiment long, alors raccourcissez, ou cette longueur est nécessaire, alors c'est comme ça !

• Après une conférence :
– *J'espère ne pas avoir été trop ennuyeux !*
Ennuyeux ou pas, c'est fait, donc trop tard ! La prochaine fois, faites autrement.

• Ne vous excusez pas, assumez :
– Excusez-moi si je n'ai pas été à la hauteur.
Faites le maximum, c'est déjà beaucoup !
On ne s'excuse pas de ne pas courir le 100 m en 11 secondes !

• Vous avez le droit de ne pas être parfait.
Ne vous jugez pas négativement, certains s'en chargent pour vous et ce ne sont pas les plus brillants.

Selon Robert L. Shook dans son ouvrage intitulé Winning Images, une bonne image de soi ne suit pas le succès, elle le précède.

~

e) La voix.

Domaine du para verbal.
Certaines voix nécessitent d'être travaillées, et éventuellement de faire appel à un orthophoniste.
La voix ne fait pas tout. J'ai eu l'occasion de rencontrer il y a quelques années un homme qui avait une voix exceptionnelle, calme, grave, profonde, malheureusement… il n'avait aucun contenu.
Parlez avec assurance sans être écrasant pour l'autre, sorte de mariage harmonieux entre autorité et respect de l'autre. Si vous avez estime de vous et confiance en vous, vous y parviendrez avec aisance (voir à la fin de cet ouvrage le livre : « Estime de soi, confiance en soi, épanouissement personnel).

Comme pour le regard, il est bon de savoir poser sa voix comme si nous voulions toucher notre interlocuteur.
En général, un débit lent (pas trop) est plutôt favorable avec un contre-exemple célèbre : John Fitzgerald Kennedy [1917-1963] parlait avec un débit extrêmement rapide, son record : 327 mots par minute dans un discours prononcé en 1961 !

~

f) Être compris.

~

« Qui se sait profond tend vers la clarté ;
qui veut le paraître vers l'obscurité ;
car la foule tient pour profond
tout ce dont elle ne peut voir le fond.

*Les gens ont tendance à rejeter
ceux qu'ils ne comprennent pas »*
Friedrich Nietzsche (1844-1900)

~

« Le génie de notre langue est la clarté »
Voltaire Voltaire (1694-1778)

Adaptez-vous à votre interlocuteur et donc faites ce qu'il faut pour être compris.
 Être compris, c'est un bon début pour être accepté.
La mauvaise question :
– Avez-vous compris ?
La bonne question :
– Ai-je été clair ?

~

g) Technique d'écoute appropriée.

Le charisme nécessite une <u>présence forte</u>. Écoutez avec vos oreilles, avec votre regard. Montrez à quel point vous êtes attentif et intéressé par votre interlocuteur.
Écoutez avec votre corps dans une attitude constructive, ouverte et disponible.
Montrez un intérêt sincère pour les personnes : cette personne est différente de vous.
Vous avez des choses intéressantes, voire passionnantes à découvrir. Cette disposition intérieure est ressentie par votre interlocuteur.

~

h) La tenue vestimentaire.

Souvenez-vous que la personne charismatique est un leader choisi et non pas quelqu'un qui s'impose (faux leader).

~

Selon Matt Eversmann, les leaders s'habillent toujours un peu mieux que la moyenne.
Apple est une société qui se présente comme étant à contre-courant, une société innovante qui surprend :
« Think Different ».
Il n'est donc pas étonnant que son leader s'habillât en Lewis 501, pull st Croix et Baskets New Balance… cool et classe. Dans le passé avait aussi, Steve Jobs avait aussi porté costume, cravate et même nœud papillon.

~

Si le verre ne fait pas le grand vin, il ne viendrait pas à l'idée d'une personne de bon goût de boire un bordeaux grand cru dans un gobelet en plastique.
Soignez donc votre tenue vestimentaire, habillez-vous en fonction de ce que vous êtes (ego style) et des circonstances.
Une tenue trop sophistiquée, trop décalée, trop excentrique jouera le plus souvent en votre défaveur.
Dans certains cas, pourquoi ne pas faire appel au relooking ?

~

i) Développez vos compétences.

Le charisme n'est pas un don du ciel : le charisme, le leadership, c'est comme le chinois, ça s'apprend.

Comme dans beaucoup de domaines, la théorie et la pratique sont complémentaires et s'enrichissent mutuellement.

~

4° Leadership et charisme.

~

L'insaisissable petit plus qui sépare le simple manager du leader est cette maîtrise de soi, dont le leader ne se départit jamais »
John F. KENNEDY. Président des États-Unis (1917-1963)

~

Le leader est accepté de façon naturelle grâce à son charisme. Avoir du charisme, être un vrai leader nécessite une grande maîtrise de soi.
Certains tentent d'accéder au « pouvoir » avec la même fébrilité que des convives affamés devant un buffet. Diriger donne plus de devoirs que de pouvoirs.
En toutes circonstances, prenez de la hauteur.

~

5° À chacun son charisme.

• Il n'existe pas un charisme, mais différents types de charisme.
• La puissance que donne le charisme ne doit pas être écrasante pour les autres.
• Plus vous voudrez vous imposer aux autres et plus vous créerez des résistances.
• Notre charisme n'a rien à voir avec notre taille, notre poids, notre beauté.
•Le charisme est davantage la conséquence de ce que nous sommes et de ce que nous en manifestons.

Nous sommes capables de produire :
• 700 000 signaux physiques différents,
•250 000 expressions au niveau de notre visage,
• Quant à nos mains, on ne dénombre pas moins de 5 000 gestes différents,
• Enfin, notre corps peut produire 1 000 postures différentes.
C'est dire l'infinie variété et possibilité d'expressions de notre corps !

Un exemple de charisme :

Voici ce que disait une correspondante de CBS News d'Aristote Onassis :
« Le restaurant était plein et au milieu de toute l'agitation ambiante, je remarquais un homme plutôt petit et trapu qui vint s'asseoir juste à côté de nous. Je le regardais discrètement et pus tout à coup mettre un nom sur son visage, c'était Onassis… Au bout de quelques minutes,

tout le restaurant était au courant, mais personne ne vint le déranger.

Je fus profondément frappée par son charisme.

Il était élégant, mais pas suprêmement élégant : un blazer bleu sur un pantalon sport.

Avant tout, il était lui-même, une présence magnétique. Il me regardait franchement avec un plaisir mêlé d'admiration, pas de façon sournoise comme font beaucoup d'hommes. Visiblement, il était content de voir trois jolies filles et ne s'en cachait pas.

Ce n'était pas gênant, plutôt flatteur même.

On sentait qu'il aimait les femmes, que ce n'était pas un allumeur ou un dragueur de bas étage, mais qu'il aimait vraiment les femmes. Un autre homme vint bientôt le rejoindre et je pus surprendre quelques bribes de leur conversation : ils parlaient de leurs cravates, exactement comme n'importe qui.

Ils commandèrent chacun un hamburger avant notre départ. J'en garde le souvenir de quelqu'un que l'on ne peut pas s'empêcher de regarder, d'une présence hors du commun ».

Si j'ai choisi Aristote Onassis et cette rencontre pour illustrer le charisme, ce n'est pas par hasard. Onassis n'était pas spécialement beau (plutôt petit et trapu) et les personnes n'ont échangé aucune parole.

~

6° Conclusion.

Bien communiquer donne du charisme, c'est pour cette raison que j'ai particulièrement développé : « Le charisme ».

Une personne charismatique sera toujours plus écoutée et plus suivie qu'une autre.

Le charisme n'a rien à voir avec la taille, la beauté. Il a avoir, c'est certain, avec l'estime de soi, la confiance en soi, le respect de soi-même et des autres et l'art de communiquer avec aisance.

~

L'art de la communication, au cœur de la relation, au cœur d'une vie heureuse.

CHAPITRE IV :
ANALYSE TRANSACTIONNELLE.

« Un cloporte traverse mon bureau. Si je le
retourne sur le dos, je peux le voir âprement se
démener pour se remettre sur ses pattes.
Pendant ce temps, il a un but dans la vie. Il est
permis de l'imaginer racontant son histoire à la
prochaine assemblée des cloportes.
Pourtant, à sa fierté, se mêle une certaine
déception. Maintenant qu'il a réussi,
la vie lui semble sans but. »
Éric Berne (1910-1970),

*L'analyse transactionnelle joue
un rôle majeur sur le plan de la
communication.*

Introduction à l'analyse transactionnelle.

Éric Berne (1910-1970), Éric Bernstein de son vrai nom, est à l'origine de l'analyse transactionnelle : AT en 1956. Le point de départ est de développer une technique de thérapie brève (comme la PNL). Très vite, elle va sortir du berceau psy et se montrera très efficace dans le domaine de la communication et notamment dans le cadre de la communication dysfonctionnelle.
Elle deviendra une technique majeure de coaching.

Elle est construite sur une approche très différente de la PNL (Programmation Neuro-Linguistique) même si l'on peut faire quelques ponts, ils sont rares.

Mon opinion est que l'analyse transactionnelle est plus efficace pour communiquer avec des personnes difficiles, voire toxiques et du même coup s'en protéger.

Elle est enrichie grâce à de nombreux apports qui se sont poursuivis bien au-delà du décès d'Éric Berne et notamment grâce au prix Éric Berne qui est décerné tous les ans depuis 1971 (Éric Berne Mémorial Award) à la plus belle contribution au développement de l'Analyse Transactionnelle.

L'analyse transactionnelle comme son nom l'indique, met l'accent sur les transactions (échanges) entre deux interlocuteurs. Chaque personne est constituée de trois parties que l'on appelle : « les États du Moi », qui sont l'état du Moi Parent, l'État du Moi Adulte et l'État du Moi Enfant. Nous allons découvrir que ces états du Moi sont présents en chaque personne, quel que soit son âge de la personne. Les états Moi Parent et Enfant présentent des divisions.

L'art de la communication, au cœur de la relation, au cœur d'une vie heureuse.

A — LES ÉTATS DU MOI.

L'idée selon laquelle une personne présente plusieurs parties différentes les unes des autres, voire antagonistes ou coopératrices n'est pas propre à l'analyse transactionnelle, on rencontre cette idée dans différents domaines :

• En psychanalyse.
Freud, dans sa première topique, parle du conscient, de l'inconscient et du subconscient. Dans sa deuxième topique, il parle du moi, du surmoi et du ça.

• En hypnose et psychologie
Nous parlons de conscient et d'inconscient, voire même du subconscient.

• En analyse transactionnelle.
Nous définissons différents états du moi : parent, enfant, adulte. Parent et enfant étant eux-mêmes subdivisés.

• EN PNL ou Programmation Neuro-Linguistique.
 Nous avons repris cette idée sous l'influence de MILTON Erickson.
À chaque fois qu'il y a conflit à l'intérieur d'une personne, la PNL considère qu'il s'agit de plusieurs parties en conflit. Nous allons même plus loin en attribuant à chaque partie un comportement, des croyances et des valeurs.

• Dans la littérature.

Dans le CID de Corneille avec le fameux choix cornélien de Rodrigue : venger son père en tuant le père de celle qu'il aime (Chimène).

• **Dans le langage courant.**
– *C'est plus fort que moi je n'ai pas pu m'empêcher de...*

• **Conclusion :**
Les parties des différentes disciplines ne peuvent guère être comparées. Cependant, elles traduisent toutes que l'être humain n'est pas monolithique. Il doit composer avec lui-même.
La particularité des parties appelées **États du Moi** en analyse transactionnelle est qu'elles ont des caractéristiques et des comportements prédéterminés.

~

1° Les États du Moi.

Nous distinguons 3 états du Moi **P, A** et **E** (Parent, Adulte et Enfant). Nous verrons que les États du Moi P et E comportent des divisions.

Il n'y a pas, comme nous allons le voir, d'États du Moi dysfonctionnels, sauf lorsqu'un des États du Moi est hypertrophié, ou qu'il agit dans un contexte où il vaudrait mieux que ce soit un autre État du Moi qui agisse. Par exemple, à une personne malade : « Arrête de te plaindre, remue-toi »

~

a) État du Moi Parent (P).

L'État du Moi Parent est une position haute.

Il exerce une autorité, voire une emprise.

Cette position n'est pas dysfonctionnelle si elle est utilisée de manière appropriée. Si la personne fait « carrière » dans un État du Moi, alors, il y aura une communication dysfonctionnelle.

L'État du Moi parent comporte deux divisions.
• Le parent nourricier P_N
• Le parent critique P_C

*

Parent Nourricier (PN).

Attentif au bien-être des autres, le **PN** est compréhensif, il prend soin des autres et tout particulièrement de ceux qui rencontrent une difficulté, il materne.

En communication paraverbale, sa voix a tendance à être douce, enrobant.

En communication non verbale, il a tendance à pénétrer dans l'espace social, il est proche des gens.

*

Sous-divisions du PN.

• <u>Parent Nourricier Sauveur.</u>

À l'extrême, il devient **paternaliste,** vient au secours des autres… qui n'ont rien demandé (d'où la position haute). IL **nuit à l'autonomie** de la personne et devient étouffant. Il en retire alors **un certain pouvoir**. Il pense que l'autre ne peut se débrouiller seul. Il prétend « expliquer la vie » même si la sienne n'est pas nécessairement reluisante. C'est l'**anti-mentor** qui, lui, n'est pas donneur de conseils (ça, c'est le consultant). Il n'aide pas l'autre à trouver des solutions comme le coach.

• <u>Parent Nourricier Donnant</u>.

Le parent nourricier peut bien évidemment être aidant, positif. Il aide la personne quand elle en a besoin et la « libère » ensuite.

*

Parent critique (PC).

Remarque.
*On l'appelle également **Parent Normatif**. J'utilise la terminologie Parent Critique pour des raisons pratiques afin de ne pas utiliser deux fois les initiales **PN** (**P**arent **N**ourricier et **P**arent **N**ormatif), notamment dans les schémas.*
Néanmoins, je préfère le terme normatif qui rend mieux compte du comportement de cet État du Moi qui établit les normes auxquelles il faut se conformer.

Il « sait » mieux que vous ce qui est important et bien pour vous (vos valeurs).
Il est dans le jugement et dans l'application des règles. Si on l'appelle aussi parent normatif, c'est que le règlement intérieur et son application, c'est lui.

*

Sous-divisions du PC.

Parent Critique Persécuteur.

Il est parfois autoritaire, en communication paraverbale, il parle fort, sa voix est sans appel.
En communication non verbale, il croise les bras, toise les gens, met les mains sur les hanches.
Son comportement est négatif, il est dans la punition, on parle alors d'autoritarisme.

Parent Critique Éducateur.

Ses comportements sont parfois positifs.
Il énonce la règle, donne des repères, explique qu'il faut traverser la rue aux passages piétonniers. Il ne crée pas d'emprise et donnera de l'autonomie à la personne… au moment venu.

*

Conclusion de l'État du Moi Parent.

Le parent, qu'il soit nourricier ou critique, est en position haute par rapport à ses interlocuteurs. Il exerce un ascendant sur les autres États du Moi. Le seul qui puisse se protéger lorsqu'il y a excès de cet État du Moi est l'Adulte… et encore.

~

b) État du Moi Adulte (A).

L'état du Moi adulte ne comporte pas de subdivision.
Intéressé par les faits, les informations.
C'est une position **non émotionnelle**.
Il analyse objectivement, il s'exprime posément : « il dit les choses » (assertivness).
En communication paraverbale, sa voix est posée, calme, régulière, son regard est franc, mais pas agressif.
En communication non verbale, il se tient droit, à distance convenable (dite sociale), il est détendu.
Il fait penser à la position « méta » de la PNL.

*

Contamination

L'État du Moi Adulte peut être contaminé par le « Parent » ou par « l'État du Moi Enfant ».
C'est le cas lorsque nous présentons une opinion, une croyance comme un fait.
Le racisme et la xénophobie inculqués dans l'enfance produisent ce genre de contamination.
L'entourage par son influence produit des pensées négatives sur tel ou tel groupe humain. Par la suite, il y a confusion entre les opinions et les faits qui seront présentés comme des évidences indiscutables.

La contamination par l'état parent produit des préjugés, par l'état du moi enfant des illusions.

~

c) État du Moi Enfant (E).

C'est une position basse qui ne manque pas de ressources.

Cet État du Moi doit être « chouchouté », à l'exception des États du Moi Soumis et Rebelle… qui se sont s'adaptés en prenant d'ailleurs des positionnements opposés.

Cet état du Moi est créatif, il est dans l'émotion.
L'enfant comporte trois subdivisions, vous en trouverez parfois quatre.
- L'enfant adapté E_A que nous divisons en deux.
  - L'enfant adapté soumis. E_{As}.
  - L'enfant adapté rebelle. E_{AR}
- Le petit professeur. P_P
- L'enfant libre. E_L

*

• L'enfant adapté (EA).

L'enfant adapté se subdivise en « **Enfant Adapté Soumis** » et « **Enfant Adapté Rebelle** ».
L'EA se réfère aux comportements aux règles, aux lois de la société, de la famille, d'une personne.

*

Enfant Adapté Rebelle.

Il prend le contre-pied systématique… par principe.
Enfant Adapté Rebelle est un opposant.
Lorsqu'il campe dans cette position, il recherche des adversaires pour s'affirmer, d'ailleurs, par son attitude, il en trouve.
Il lance des défis et prendra volontiers le contre-pied des manifestations d'autorité.

Si l'expression de l'autorité est trop forte, il se met en colère en prenant un ton sarcastique, moqueur, il peut ridiculiser son adversaire par un humour décalé.

On fera ici la différence avec le parent critique qui ne plaisante pas.

Pour le « contrer », utilisez les suggestions négatives paradoxales : « ne fais pas ceci », si vous souhaitez qu'il le fasse.

Pour les PNListes, il est volontiers mismatcher et réactif.

En communication non verbale, il hausse les épaules, lève les yeux en prenant un air mi-excédé, mi-amusé.

Son regard est parfois provocateur.

*

L'Enfant Adapté Soumis.

Il se soumet, systématiquement… par principe, même lorsque les règles lui semblent injustes.

Évidemment, lorsqu'ils stationnent dans cette position. N'importe qui peut y faire une incursion légitime si le contexte s'y prête.

À l'extrême lorsqu'il fait carrière dans ce positionnement : L'EAS se conforme sans condition aux règles, aux règlements intérieurs.

Il est référence externe, c'est-à-dire qu'il utilise les critères des autres pour faire des choix, pour dire ce qui est bien ou mal, beau ou laid….

Attention si votre EAS rencontre un parent critique (PC) !

L'EAS est fiable, ponctuel, consciencieux.

En communication non verbale, il peut être mal à l'aise, il baisse les yeux, rougit, se tord les mains.

*

• L'Enfant Petit Professeur : EPP

On parle également de l'Enfant imaginatif, l'Enfant Créatif ou encore « Enfant Manipulateur ».
C'est le petit malin dans le bon sens du terme.
Il est vif, il cherche un raccourci, là où l'enfant soumis suit le chemin et l'enfant adapté rebelle opère un demi-tour.
C'est le monsieur « Géotrouvetout » pour ceux qui ont des références de bandes dessinées. Il marche au plaisir.
Le EPP est positif, orienté solution.
Il est proactif.
En communication non verbale, le PP a un regard pétillant qui ne se pose jamais, hyperactif, il a tendance à avoir la « bougeotte ». Il manie l'humour.

*

L'Enfant libre : EL.

On parle également d'Enfant Spontané, d'Enfant Naturel.
L'enfant libre s'exprime… en fonction de ce qu'il est, et non pas en fonction des autres, comme l'EAS (je fais ce que l'on me dit) ou comme l'EAR (je fais le contraire de ce que l'on me dit).
L'EL est dans l'émotion qu'il transforme **en énergie**.
Le PN n'aura pas plus d'influence sur lui que le PC d'ailleurs. Il est direct et dit les choses clairement. Comme l'enfant libre exprime ce qu'il ressent, il baille lorsqu'il est fatigué, rit quand il est joyeux, même si l'environnement ne s'y prête pas… il ne se préoccupe pas des règles.

*

Un Exemple.

Un exemple au restaurant :

Quatre personnes sont au restaurant au moment du dessert. Ils souhaitent tous les quatre une tarte aux pommes.

L'EL demande à la serveuse son dessert préféré : une tarte aux pommes.

La serveuse voulant bien faire (PN) :

– Prenez plutôt la mousse au chocolat, elle est vraiment excellente.

L'enfant libre (EL) *:*

Il ne change pas d'avis, il voulait une tarte aux pommes :

– Non merci, je reste sur la tarte aux pommes.

Le petit professeur (PP) *:*

Il trouve une autre possibilité.

– Pouvez-vous me faire un assortiment des deux.

Ou bien :

– Dans votre café gourmand, pouvez-vous mettre une part des deux.

L'enfant adapté soumis (EAS) *:*

Bien qu'intéressé par la tarte aux pommes, il n'ose contredire la serveuse

– Oui merci, je vais prendre la mousse au chocolat.

L'enfant adapté rebelle : (EAR) *:*

Il prend le contre-pied.

– Finalement je ne vais rien prendre.

Si vous voulez que l'EAR prenne de la tarte aux pommes, dites-lui :

– Ne prends pas de tarte aux pommes, il n'y a qu'en Normandie qu'elles sont bonnes.

– Finalement, je vais en prendre une quand même, répondra l'EAR.

*

Voyons ce qu'auraient dit les États du Moi Parents.

Le parent nourricier.
– *C'est très gentil de vouloir faire plaisir à vos clients, je vais suivre votre conseil.*

Le parent critique.
– *On vous a dit qu'il fallait écouler les mousses au chocolat parce qu'elles se conservent moins bien !*

*

Voyons ce qu'aurait dit l'État du Moi Adulte.
Le ton est neutre.
Il reste sur sa position initiale ou, plus probablement, il va chercher des informations. Il le fera de **manière respectueuse.**
– *Comment le savez-vous ?*
Ou
– *Est-ce une spécialité du chef ?*

*

d) Conclusion sur les États du Moi Enfant.

Les choses ne sont complexes qu'en apparence seulement. En réalité, nous restons avec trois États du Moi seulement. Les subdivisions permettent de clarifier les échanges.

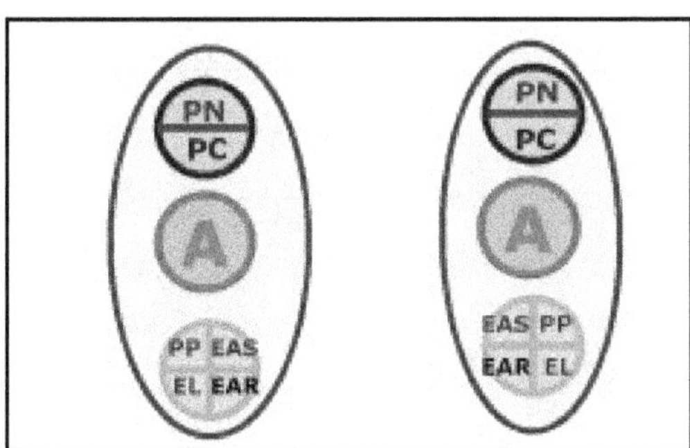

L'art de la communication, au cœur de la relation, au cœur d'une vie heureuse.

2° Lorsqu'un État du Moi prend le pouvoir.

Les États du Moi sont **des états fonctionnels**, c'est-à-dire qu'ils rendent compte à un moment donné de la manière de fonctionner d'une personne, ils doivent être en adéquation avec le contexte.
Il peut arriver qu'une personne s'installe durablement dans un État du Moi, et ceci de manière transcontextuelle.

*

a) Prise de pouvoir du parent.

L'État du Moi Parent est hypertrophié et laisse peu de place aux autres États du Moi.

Prise de pouvoir du parent *critique :*
C'est la personne qui passe son temps à critiquer et à faire des mises en garde. Il est atteint de « règlementite ».
Symboliquement (seulement) :
La concierge de l'immeuble d'autrefois.

Prise de pouvoir du parent *nourricier :*
À l'inverse, personne hyper protectrice, étouffante.

*

b) Prise de pouvoir de l'adulte.

Adulte est hypertrophié et laisse peu de place aux autres états du moi.

Invité dans une fête, cette personne à l'Adulte hypertrophié ne peut parler que travail ou baisse de la bourse…

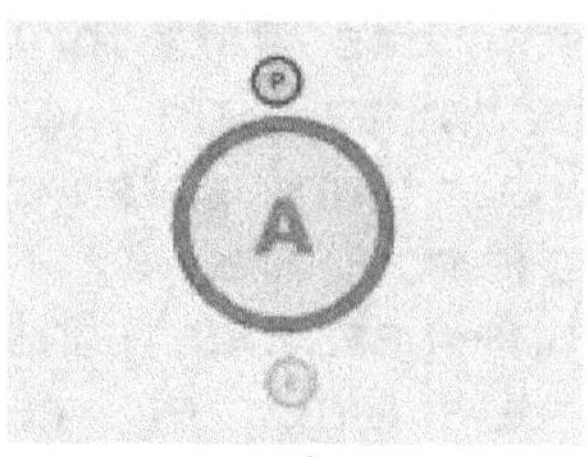

*

c) Prise de pouvoir de l'État du Moi Enfant (EME).

L'EME est hypertrophié et laisse peu de place aux autres États du Moi.

Tout dépend bien évidemment de la sous-division.

Une de mes amies après avoir eu un mari « trop sérieux » (probablement en position adulte) avait divorcé.

Elle avait été séduite par un monsieur très drôle qui faisait rire tout le monde avec des blagues plutôt « tarte à la crème ». En réalité, il n'avait pas vraiment d'humour, mais faisait plutôt le clown (position enfant typique). Cette personne, éternel potache, mettait de l'ambiance partout où il était invité.

Le problème, c'est que, lorsqu'il faut être sérieux, il ne sait pas faire. Le résultat est que quelques années plus tard, mon amie a à nouveau divorcé. C'est ce que j'appelle la « théorie des essuie-glace ».

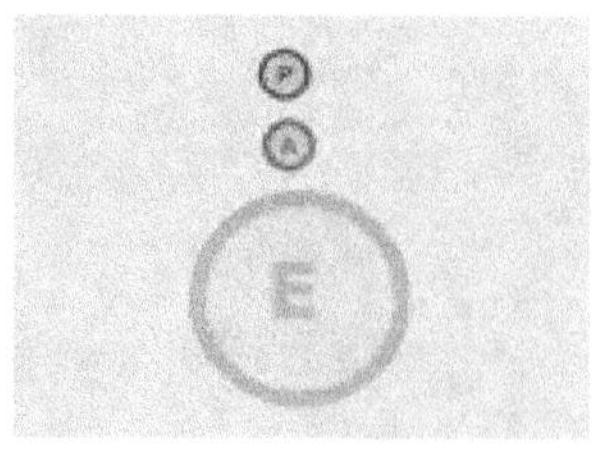

3° En conclusion des États du Moi.

Il n'y a pas de bons ou de mauvais États du Moi, chacun a son rôle, son utilité.

Il est important que l'État du Moi en activité le soit en cohérence avec la situation, le contexte.

La prise de pouvoir d'un des États du Moi apporte de la rigidité à la « structure ».

Si l'État du Moi Adulte est au centre des schémas, il est aussi au centre d'un « système » équilibré.

Idéalement, l'État du Moi Adulte est aux commandes et chaque du État du Moi est « activé » en fonction des circonstances.

~

L'art de la communication, au cœur de la relation, au cœur d'une vie heureuse.

B — LES TRANSACTIONS

« Une transaction est un échange entre un État du Moi d'une personne et le retour vers son interlocuteur ».

1° Introduction.
Communication et États du Moi.

Lorsque nous nous adressons à une personne, nous nous positionnons sur un des États du Moi.

Un exemple :
Pour obtenir une réduction, Mme Dupont peut s'adresser à un vendeur en se positionnant en **E** (enfant), c'est la « <u>partie enfant</u> ».

• Mme Dupont qui s'exprime :
– Allez, soyez gentil, faites-moi plaisir, faites-moi une petite réduction, vous savez j'ai une petite retraite.
Elle s'est mise en position basse.
Elle a fait un petit sourire en baissant légèrement la tête en prenant un petit air malheureux.
Elle tente de contacter le PN (Parent nourricier du vendeur).

• Le vendeur répond :
  o En PN (Parent Nourricier).
  – Avec plaisir, Mme Dupont, je sais que les temps sont difficiles.
  o En PC Parent Critique.
  – Chacun ses difficultés. Nous ne faisons pas de réduction.

L'aller-retour constitue une transaction.

*

Une nouvelle transaction peut maintenant avoir lieu.
Par exemple Mme Dupont peut se rebeller et passer en PC (Parent Critique).
– Puisque c'est comme ça, je ne reviendrai pas chez vous. Vous pourriez faire preuve d'humanité (jugement du parent critique).
Mme Dupont ne plaisante pas, le ton est sec, sans appel.

On ne peut pas confondre avec l'EAR qui aurait souri et répondu sur un ton moqueur :
– Ne vous fâchez pas, ce n'est pas bon pour votre cœur.
Nous voyons qu'il y a de l'émotion (drôlerie) dans la réponse.

L'Adulte aurait pu répondre quelque chose comme :
– Je comprends.
Absence d'émotion.

Vous pouvez imaginer d'autres dialogues possibles en mettant les deux interlocuteurs dans différents états du Moi. Voir en fin de livre le chapitre « Exercice ».

~

2° Les différentes transactions possibles.

Une transaction en AT est l'unité fonctionnelle de communication, un aller-retour.

Il existe plusieurs types de transactions :
* Les transactions simples.
* Les transactions doubles.
* Les redéfinitions.

Les transactions rendent compte à un instant T de la manière dont deux interlocuteurs fonctionnent.
Après chaque transaction, il y a plusieurs possibilités. À vous de choisir la plus efficace en fonction du contexte et de votre objectif.

C'est l'ensemble des canaux de la communication qui sera pris en compte pour qualifier une transaction. Ainsi, ne pas se fier uniquement aux mots pour distinguer une transaction, le paraverbal joue un rôle parfois plus important ainsi que le non verbal (transaction duplex : un niveau pour le verbal, un autre niveau pour le paraverbal/non-verbal).

Exemple sur un ton réprobateur :
– Quelle heure est-il ?
En apparence adulte →adulte
En réalité, parent [enfant... message sous-entendu : vous êtes en retard !

*

a) Transactions simples [TS].

Il existe deux types de transactions simples : les parallèles et les croisées.

• Transactions simples parallèles.

Lors d'une transaction parallèle, l'aller et le retour se font par le même chenal, la même voie. Il n'y a pas au retour [la réponse] intervention d'autres états du moi. Il existe 9 transactions parallèles possibles.

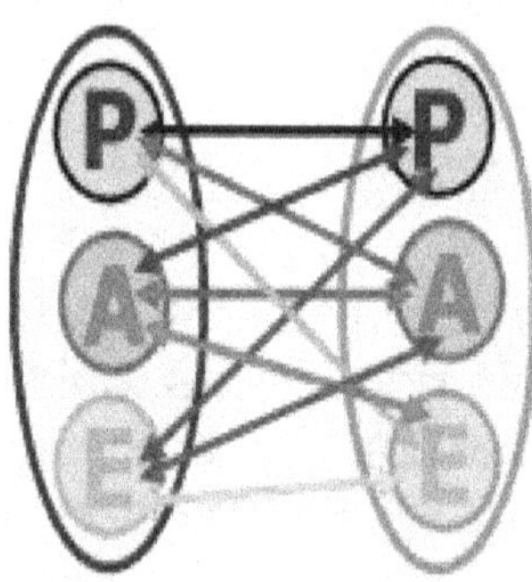

Chaque flèche symbolise un échange à double sens, donc une transaction.
Dans une TSP, chaque interlocuteur est dans l'État du Moi attendu.

*

b) Transactions Simples Croisées (TSC).

 Lors d'une transaction croisée, un autre État du Moi (EM) que celui visé par le premier interlocuteur intervient. De plus, cet EM interférant touche un autre EM que celui d'où est partie la transaction.

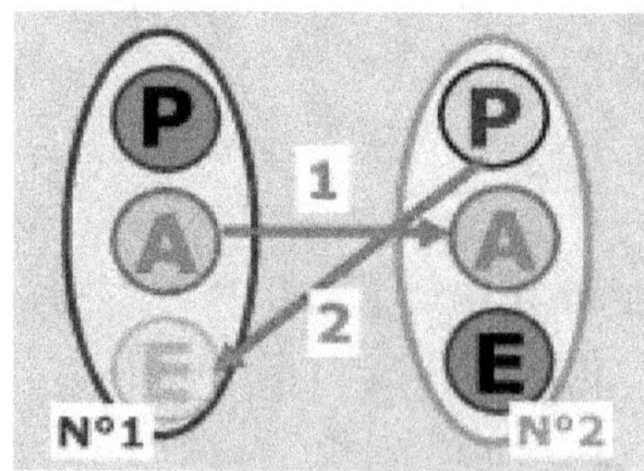

Exemple :
Exemple de transaction croisée.
L'état du moi P interfère et lors du retour « touche » l'EM
enfant.

Interlocuteur N1 :
– Peux-tu me passer mon pull ?
L'adulte s'adresse à l'adulte.

Interlocuteur N2 :
– Je ne suis pas ta bonne.
C'est le P qui répond, ici, le PC (parent critique).

Imaginez ce que l'interlocuteur N2 aurait répondu dans
une transaction simple parallèle.

*

b) Transactions doubles (TD).

Il existe deux types de transactions doubles : les cachées
et les angulaires.

*

• Transactions doubles cachées. Tdc
Une transaction peut en cacher une autre.

Exemple :
Interlocuteur N1

– Est-ce que je peux t'inviter à prendre un verre ?
N1 est en adulte.

Interlocuteur N2
– Oui, bien sûr
N2 est en Adulte.

En réalité il y a une transaction cachée enfant-enfant (en pointillé sur le schéma).

– Est-ce que je peux t'inviter à prendre un verre ? C'est la demande officielle.
– J'ai très envie de passer la soirée dans tes bras. C'est la demande N1cachée.

– Oui, bien sûr. C'est la réponse officielle.
– Moi aussi, j'aimerais terminer la soirée dans tes bras. C'est la réponse cachée de N2.

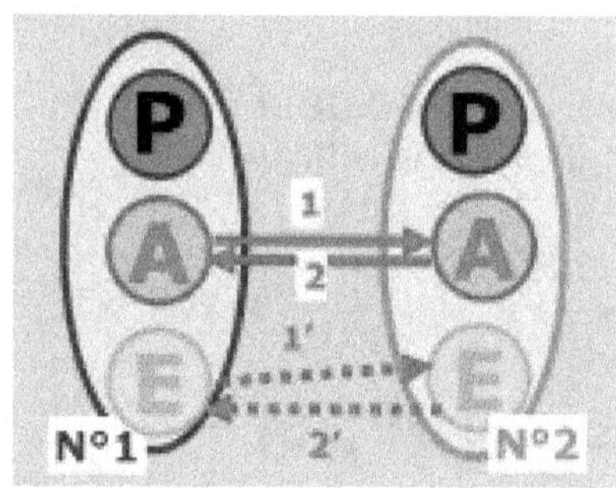

*

• Transactions doubles angulaires (TDA).

Dans une transaction double angulaire, le premier interlocuteur N1 s'adresse simultanément à deux États du Moi.
Il manipule ainsi l'autre personne. La réponse emprunte également deux canaux différents : l'apparent et le caché.

Paroles de N1
– *Cette voiture est très belle.*

Ces propos **semblent** venir d'un adulte.

En réalité, elle est dite sur un ton méprisant (paraverbal). Le vendeur semble avoir repéré que N2 ne peut pas s'offrir cette voiture.

En réalité, N1 veut dire :
– Cette voiture est trop chère pour une personne comme vous.

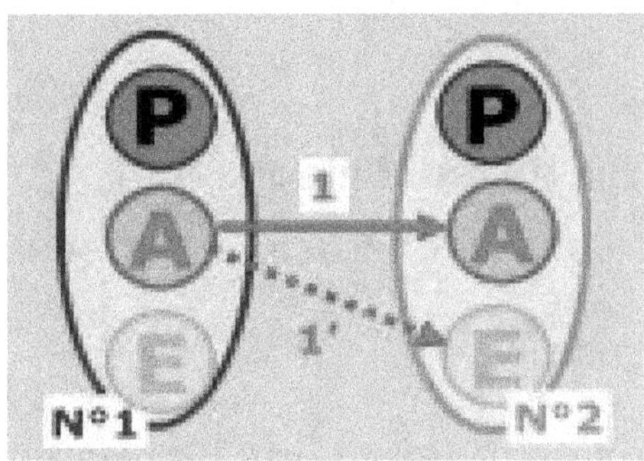

Retour de N2

Réponse officielle :
– Dites-moi ce que je peux ajouter comme option.
C'est l'adulte qui semble s'exprimer.
Réponse cachée de N2 :
Pas du tout, tu vas voir si c'est trop cher !
C'est l'enfant qui répond.

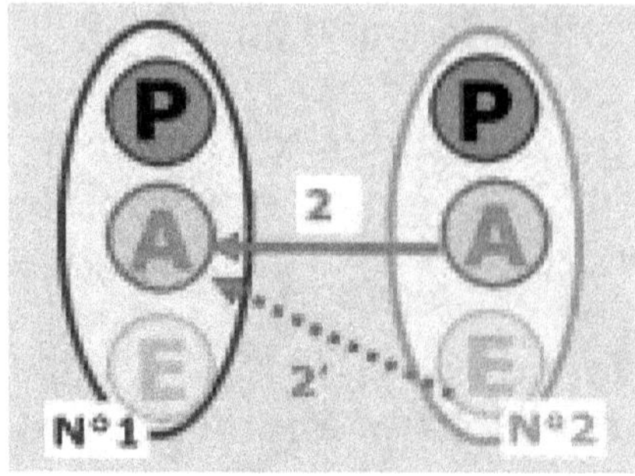

*

c) Transactions de redéfinition. Tr

Il existe deux types de transactions de redéfinitions :
• Les bloquantes.
• Les tangentielles.

• Transactions de redéfinitions bloquantes (TRB)

L'interlocuteur bloque la conversation en jouant sur les mots ou en posant une question décalée.
Seul le ton employé, et le sérieux de la réponse permet de faire la différence avec l'Enfant Adapté Rebelle.

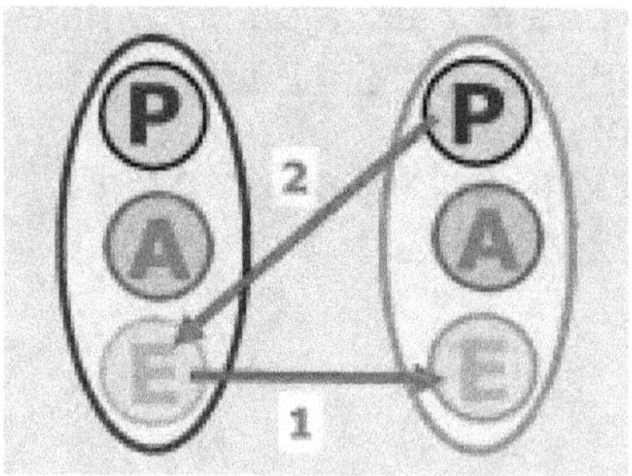

Tranquillement installé au bord d'une piscine sur un bateau de croisière au large, sous un beau soleil, je lance à mon voisin.

– Ça, c'est la belle vie ! avec un grand sourire de satisfaction pour entamer la conversation.

L'État du Moi Enfant contacte l'État du Moi Enfant de mon voisin. Qui me répond d'un air sec et hautain :

– C'est quoi la belle vie ?

Les mots semblent indiquer qu'il s'agit de l'État du Moi Adulte qui répond. Alors que le paraverbal et le non verbal indiquent clairement que c'est le parent critique qui répond.

*

Précision importante.

La transaction bloquante est différente de l'utilisation du métamodèle de la PNL.

Le métamodèle est une vraie recherche d'informations. Replacé dans le cadre de l'AT, il est le fait de l'adulte.

La transaction bloquante n'est pas une recherche d'informations, mais une façon de détourner l'objet de la conversation. Le langage non verbal vous en donnera la confirmation. Dans l'exemple précédent, la moue dubitative en est le témoignage non verbal.

*

• Transactions de redéfinitions tangentielles (TRT).

La transaction tangentielle ou comment botter en touche est une autre manière de répondre à côté.

Il s'agit d'un détournement d'objet.

Le sujet N1 pose une question qui part de l'État du Moi Adulte. Se faisant, il contacte l'État du Moi Adulte de son interlocuteur N2

– Êtes-vous fatigué ?

La bonne réponse dans le cadre de cette transaction eût été OUI ou NON.

Au lieu de cela, il répond en réalité à une question qui n'a pas été posée.

Le paraverbal et le non verbal montrent qu'il est dans la plainte, une position basse, donc Enfant.

– Huit jours de vacances me feraient du bien.

Il répond à côté… « il prend la tangente » et cherche à contacter l'État Parent Nourricier de la première personne.

En fait, souvent, il suit sa propre idée de départ ou met au jour un dialogue interne.

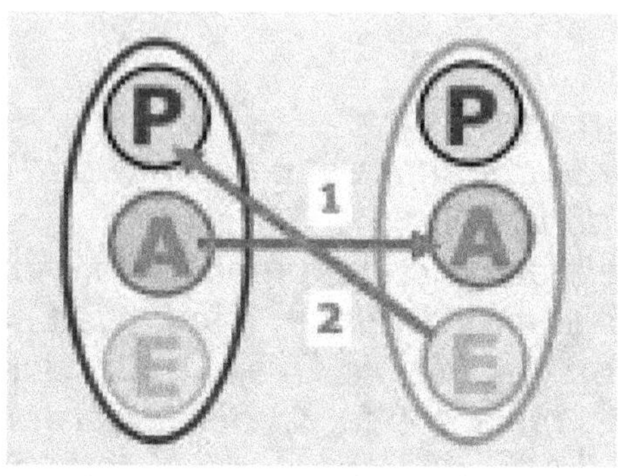

*

d) Conclusion.

Chaque échange (aller-retour) est une transaction.

Elle met en relation deux États du Moi (transaction parallèle) ou plus (transaction croisée, double ou de redéfinition).

Les transactions parallèles représentent idéalement la « bonne » communication, les autres transactions peuvent être plus ou moins piégées.

La connaissance de vos États du Moi en activité vous donne accès à ma manière de communiquer avec les autres et… avec vous-même.

De plus, la connaissance des états du moi en activité pendant la communication et des transactions vous permet de maîtriser cette communication et d'en éviter les pièges (transaction angulaire).

~

C — Les signes de reconnaissance.

C'est Claude Claude Steiner qui est à l'origine des strokes ou marques d'attention.

Les signes de reconnaissance sont indispensables au bonheur de l'enfant… et de la personne. Ils interviennent de façon très importante dans le développement de l'estime de soi qui a fait l'objet d'un développement important dans mon livre : « Estime de soi, confiance en soi et épanouissement personnel : les trois clés du bonheur ».

> *« Si un enfant n'est pas caressé,*
> *sa moelle épinière se flétrit »*
> Eric Berne [1910-1970].

Les signes de reconnaissance (ou strokes) sont à l'être humain ce que les sels minéraux sont aux plantes : indispensables à leur croissance.

Nous les aborderons ici sous l'angle de la communication.

Les strokes ne connaissent pas la séparation personnelle/professionnelle.

Nous parlons aussi de marques d'attention.

*

1° Savoir donner des marques d'attention.

Il est bien évident qu'en communication, donner des marques d'attention est important sous réserve qu'elles soient sincères.

*

a) Les marques d'attention qui portent sur l'être.

Le « Je t'aime » prononcé avec sincérité est une marque d'attention qui touche l'être. Il aide l'autre à grandir et à se sentir bien… pourvu qu'il vienne du plus profond de soi. Il crée sous réserve de sincérité une bonne relation. Si vous le pensez, dites-le.

*

b) Les marques d'attention qui portent sur « le faire ».

Lorsqu'une personne fait quelque chose de bien, il faut le lui dire, il est important également que ce soit sincère. De la même manière que si ça n'est pas bien, il faut le dire aussi avec doigté. Ce sont des marques d'attention conditionnelle.

*

c) Les marques d'attention utilisent les trois canaux de la communication.

Le canal verbal : les mots que vous prononcez.
– Vous avez fait un excellent travail.
Le canal para verbal : la façon dont vous prononcez les mots… il y a plusieurs façons de dire « Je t'aime ».
Le canal non verbal (la gestuelle).
Ce sont toutes vos mimiques, vos gestes, les sourires.
Je vous rappelle, nous en avons déjà parlé, il vaut mieux un sourire fabriqué que pas de sourire, évidemment un sourire venant du cœur sera plus impactant.

*

2° Savoir recevoir des marques d'attention.

Il est également très important de savoir recevoir et d'accepter les marques d'attention sur l'Être et sur le Faire.
Combien de fois, après avoir fait un compliment, ai-je entendu un serveur me répondre : « C'est normal, c'est mon métier ? » J'insiste toujours : « Oui, c'est votre métier, mais vous le faites bien.
Deux raisons peuvent expliquer ce refus d'accepter les marques d'attention : par souci de modestie ou par sous-estimation de sa valeur.

Pour éviter la sensation de vantardise "Oui, je sais". Il vaut mieux l'accepter comme un cadeau : "Merci, ça me fait très plaisir".

3° Quelques croyances limitantes sur les signes de reconnaissance.

La gestion des signes de reconnaissance s'appuie sur des croyances comme :

— Il n'y a pas assez de signes de reconnaissance positifs pour tout le monde.
— Trop, c'est trop. Pour mériter des signes de reconnaissance, il faut être parfait.
— Ne donne pas de signes de reconnaissance, tu vas perdre ton autorité.
— Ça ne se fait pas de demander de signes de reconnaissance.
— Soit modeste, n'accepte pas de signes de reconnaissance
— Ça ne se fait pas de refuser de signes de reconnaissance négatifs.
— C'est de la vantardise que de se donner de signes de reconnaissance positifs à soi-même.

*

4° Impact sur la communication.

Outre le fait d'augmenter l'estime et la confiance en soi de la personne, c'est une manière puissante de créer une bonne relation.
Curieusement, beaucoup de personnes ne sont pas habituées aux marques d'attention.
Si je vois la personne mal à l'aise, je me fais fort d'inverser la dynamique négative.

Un exemple :

J'allais régulièrement prendre un café et la personne était froide… pas un sourire. J'ai commencé par être très poli : "Merci beaucoup" accompagné d'un sourire, qu'elle ne me rendait pas. Je me suis aperçu que les autres clients ne faisaient aucun effort. Quelque temps plus tard, j'ai ajouté un : "Vous allez bien ?", la réponse un : "ça va" un peu sec. Chaque jour, j'ajoutais un petit quelque chose, jusqu'à ce que j'obtienne le premier sourire…
Par la suite, je devins le chouchou du café et j'ai commencé les marques d'attention.

Parfois, avec certaines personnes, il faut aller doucement. Nous ne connaissons pas la vie des gens. Certains ont souffert, d'autres font, par obligation, un métier qui ne leur plaît pas…

*

5° Conclusion.

Les marques d'attention constituent une très bonne façon de créer une bonne relation.
J'ai souvent parlé d'un effet boomerang… soyez méchant et cela vous reviendra, soyez aimable (dans le vrai sens du terme : être capable d'être aimé) et cela vous reviendra aussi… pas toujours, mais souvent… c'est la loi de l'attraction.
Et si vous aimez les métaphores : vous récolterez ce que vous avez semé ?

Claude Steiner a développé une approche psychologique intéressante en coaching : "l'alphabétisation émotionnelle" : 1) Connaître ses propres émotions. 2) Savoir ce que les autres ressentent. 3) Apprendre à gérer ses émotions. 4) Réparer les dégâts émotionnels. 5) Tout intégrer.

L'art de la communication, au cœur de la relation, au cœur d'une vie heureuse.

D — Le triangle dramatique de KARPMAN Stephen karpman : le "triangle dramatique" (1968).

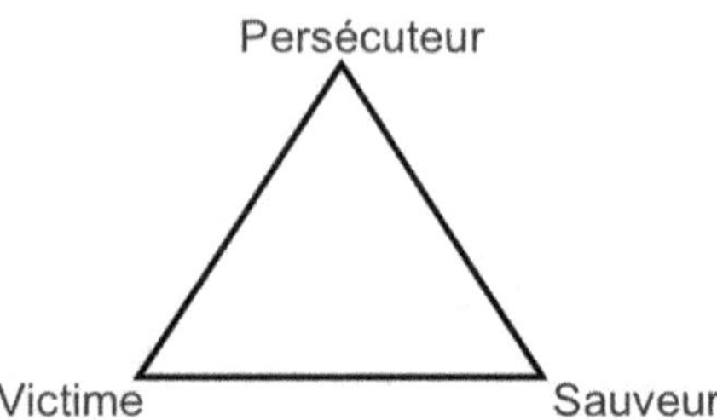

Le de Karpman présente un intérêt majeur en communication et notamment dans les échanges piégés.

Le triangle dramatique de Karpman rend compte de **relations interpersonnelles** qui peuvent être abordées selon deux aspects :
Un aspect dynamique, changeant par nature avec passage pour une même personne d'un état à un autre en quelques instants en fonction du jeu de force qui s'établit lors d'un échange.
Un aspect davantage de l'ordre de la posture lorsque la personne "stationne" durablement dans un des trois états, on parle de scénario.

1° Les protagonistes du triangle de Karman.
En apparence, tout semble est simple :
Le persécuteur.

Il est l'équivalent de l'État du Moi Parent Critique.

Il a besoin pour exister d'une victime qu'il trouve ou qu'il fabrique.

S'il prend du plaisir dans son rôle, on peut atteindre le pervers narcissique. Attention cette appellation est un peu à la mode… il y en a, mais sans doute moins que ce que l'on entend.

La victime.
C'est L'État du Moi Enfant Adapté Soumis.
Attaquée par le persécuteur.
La victime peut aussi "avoir besoin" d'un vrai persécuteur pour se plaindre.
Elle a remarqué que lorsqu'elle se plaint, on s'occupe d'elle.
Attention, ça peut-être aussi une vraie victime.

Le sauveur.
Il est l'équivalent de l'État du Moi Parent Nourricier.
Il vient au secours de la victime.
Il peut aussi devenir le persécuteur du précédent persécuteur qui se transforme alors en victime.

*

2° Les postures piégées
Le persécuteur également appelé le bourreau est-il vraiment un persécuteur ou une victime manipulée par la personne qui se présente en victime aux yeux de tous.

La victime est-elle une vraie victime, ou s'est-elle installée dans ce rôle pour se faire plaindre est donc attirer l'attention sur elle. Nul ne peut abandonner à la légère les bénéfices colossaux du rôle de victime.
Il est possible également qu'elle souhaite nuire au persécuteur en l'accusant de tous les maux !

Le sauveur est-il un vrai sauveur ou a-t-il besoin de cette position pour se donner de l'importance, occuper une position haute et maintenir la victime sous sa coupe.

Conclusion :
Les apparences sont trompeuses et même un expert peut se faire prendre au piège.

Voici un exemple avec retournement de la situation :

Le père à son fils :

— Tu n'as pas honte d'avoir une chambre autant en bazar ! C'est encore ta mère avec tout le travail qu'elle a à faire qui va être obligée de la ranger, tu me déçois ! »

Dans cet exemple, la maman absente (victime) est instrumentalisée par le père. On pourrait répondre au père (manipulateur) que, bien évidemment, le problème est ailleurs.

Le père est manipulateur sauveur de la mère et bourreau du fils.

Le fils peut prendre le relais :
– Si tu ne rentrais pas si tard, tu pourrais l'aider et elle aurait moins de travail…

Ce modèle permet de comprendre des situations relationnelles faussées, comme la manipulation.

Attention de ne pas tirer de conclusion trop rapide.

Autre exemple :
Cet exemple est… comme les autres un fait réel.

Une salariée décide d'attaquer au prud'homme son employeur pour harcèlement moral.
Elle monte tout un stratagème. Notamment, demande un rendez-vous à la médecine du travail. Pour préparer son rendez-vous, elle boit café sur café pour ne pas dormir. Elle ne se lave plus pour arriver dans un mauvais état physique. Elle se rend chez un psychiatre et se fait mettre en arrêt de maladie pour dépression. Elle rédige un plaidoyer en amplifiant n'importe quelle remarque.
Elle commet une erreur, elle en parle à une amie qui trouve qu'elle va trop loin, d'autant qu'elle lui apprend que son employeur fait une vraie dépression nerveuse à cause de cette agression.
L'amie, très mal à l'aise, trouve cela vraiment malhonnête et fait une lettre où elle révèle le pot aux roses.

Aucune conclusion n'est à tirer, mais il <u>faut être prudent,</u> car le vrai harcèlement moral existe… bien évidemment.

~

CHAPITRE V :
HYPNOSE CONVERSATIONNELLE.

« L'hypnose conversationnelle s'adresse à l'inconscient »

1° Introduction.

L'hypnose conversationnelle est une communication d'influence, positive, humaniste et chaleureuse centrée sur l'autre et sur l'objectif. Elle est orientée davantage vers l'inconscient que vers le conscient.

L'hypnose conversationnelle est une forme de communication extrêmement puissante.
Elle peut être presque aussi puissante que la psychologie sociale appliquée à la communication comme dans les principes **de Cialdini (voir en annexe)** ou nous sommes dans la manipulation à ne pas mettre entre toutes les mains.

L'hypnose conversationnelle est souvent définie comme de l'hypnose sans transe. Je suis en désaccord avec cette définition souvent donnée.

*

Nous sommes presque toujours en transe… plus ou moins. La transe hypnotique est un continuum. Avec une sorte du curseur qui bouge en fonction du contexte.

Lorsque vous êtes au restaurant avec la personne de votre vie et que vous êtes totalement focalisé sur elle au point de ne plus voir et entendre ce qui se passe autour de vous, vous êtes en transe. Si les personnes de la table voisine partent et que d'autres arrivent, vous ne vous en apercevez même pas. Vous êtes dans ce que l'on appelle un état modifié de la conscience, c'est-à-dire en transe hypnotique.

*

Si vous discutez avec une personne d'une passion commune, vous êtes dans la même situation.

On distingue en hypnose thérapeutique six profondeurs de transe : petite, moyenne, profonde, somnambulique, Esdaile et Sichort (contestée).

Nous allons dans l'hypnose conversationnelle utiliser tout ce que nous utilisons en hypnose thérapeutique sans utiliser de transe au sens de transe thérapeutique, c'est-à-dire fermeture des yeux, catalepsie…

Nous mettrons l'accent sur le langage à l'inconscient et donc l'utilisation de métaphores et de suggestions, avec une fixation de l'inconscient.

~

L'art de la communication, au cœur de la relation, au cœur d'une vie heureuse.

2° Créer une relation de qualité.

En hypnose nous allons plus loin que la relation de qualité que l'on appelle le rapport en PNL qui consiste à créer une relation de confiance, de respect et de sécurité.

En hypnose nous souhaitons créer « l'alliance ». Il s'agit de créer une bulle communicationnelle. En thérapie, on parle d'alliance thérapeutique qui, certes, va inclure le rapport, mais va inclure certains des principes de Rosenzweig appliqués à la communication.

a) Les principes de Rosenzweig appliqués à la communication.

• Votre interlocuteur doit être impliqué.

Vous devez donc lui parler de ce qui l'intéresse, de ce qui le concerne d'une manière ou d'une autre : ce qui peut améliorer sa vie, améliorer son travail, améliorer ses relations avec les autres…

*

• Votre interlocuteur doit vous sentir impliqué.

Il doit sentir que le sujet dont vous parlez vous concerne, que vous vous voulez vraiment vous mobiliser. Un peu comme si le sujet de conversation devenez le vôtre.

*

Il m'est arrivé d'être plus impliqué dans le projet d'une personne que la personne elle-même.

Les points 1 et 2 expliquent que des passionnés qui parlent entre eux sont en transe hypnotique.

• Il doit avoir confiance en ce que vous lui proposez.
On pourrait dire qu'il pense que ça va fonctionner.

*

b) Les quatre points cardinaux de l'hypnose.
Nous incluons dans la manière de procéder les quatre points cardinaux de l'hypnose.

• L'espoir.
Vous devez être capable de donner de l'espoir.
Votre manière de communiquer doit être positive, **orientée solution**.

~

« Un problème sans solution
est un problème mal posé »
Albert Einstein

~

Utilisez des mots et des tournures de phrases positives. Vous n'arriverez à mobiliser personne s'il n'y a pas d'espoir.

• L'utilisation.
Utilisez le système de référence de la personne.
Un élève de Milton Erickson lui demande d'aller voir sa tante très dépressive, qui a des tendances suicidaires.

C'est une vieille dame riche, célibataire, qui vit seule dans une grande maison à Milwaukee. Le médecin demande à Erickson de la soigner. Erickson s'engage à aller la voir quand il sera dans la région de Milwaukee.

Quelques mois plus tard, quand Erickson se trouve à Milwaukee, il rend visite à cette dame. Il se présente en tant que psychiatre. Il discute avec elle et fait le tour de la maison. Ainsi, tout ce qu'il réussit à obtenir comme informations sur elle se limite à ce qui suit :

• Elle vit isolée. Elle est dépressive, passive et obéissante.
• Ses seules sorties se limitent à aller à l'église sans participation active.
• Sa seule passion est de cultiver des violettes africaines.

Avant de la quitter, Milton Erickson lui donne les conseils suivants, en insistant sur le fait qu'il s'agit bien d'une prescription médicale à suivre à la lettre (rappelons qu'il a repéré qu'elle est obéissante) :

« Vous allez faire pousser beaucoup plus de ces violettes africaines. Chaque fois qu'il y aura une fête à l'église, comme un baptême, une communion, un mariage, un décès, vous irez participer à ces cérémonies même si vous n'y êtes pas invitée. Vous offrirez un bouquet de ces belles fleurs à chaque occasion ».

Par la suite, la dame est trop occupée à entretenir ses violettes, à participer aux activités à l'église qu'elle n'a plus le temps de se sentir déprimée.
À chaque évènement religieux, elle offre des violettes.
Elle se fait remarquer par tous les habitants du village et elle est invitée systématiquement à toutes les réunions religieuses et sociales. À sa mort, dix-huit ans plus tard, tous les habitants du village sont présents à son enterrement. Ils l'ont surnommée « la Reine de la violette africaine de Milwaukee ».

Milton Erickson n'a pas fait une séance d'hypnose. Il a utilisé la passion de la vieille dame (son système de référence).

• Les ressources.

Dans votre conversation, vous devez faire référence aux ressources de la personne... de préférence sans utiliser le mot ressource. Une ressource est une émotion ou une sensation, par exemple la motivation, l'envie, la fierté...

• Les résistances.

Elles doivent être utilisées et non pas combattues.
Nous sommes tous résistants... plus en moins.
En canoé, n'essayez pas de ramer à contre-courant, ramez dans le sens du courant ou vous allez vous retourner.

~

3° Fixation de l'attention.

Le regard.

Le regard est un excellent moyen de fixer l'attention. Il ne s'agit pas d'incruster votre regard dans le sien.

*

La présence.

Vous êtes en présence d'une personne et d'une seule ou d'un groupe de personnes et pas d'autres. Il ne faut donc pas se disperser.

Fixation de l'attention par :

- La présence…
- Le regard…
- La communication verbale, paraverbale et non verbale.
- L'intérêt porté à l'autre.
- L'intérêt porté à l'objectif de l'autre.

Nous développons cet aspect dans le livre de PNL : Autoformation à la PNL et à l'autoprogrammation neuro-linguistique (voir à la fin de cet ouvrage).

Le charisme.

Les personnes ayant du charisme seront favorisées pour mettre en place ce type d'hypnose. Je vous rappelle que le charisme se développe.

*

Avoir un cap et s'y tenir.

Pratiquer l'hypnose conversationnelle, c'est en tout premier lieu avoir <u>un objectif bien défini</u>… savoir ce que l'on veut produire comme résultat, c'est aussi savoir comment… la stratégie… d'où je pars et où je vais.

On peut s'éloigner de son cap uniquement pour faire preuve de souplesse et d'adaptation à son interlocuteur cependant, il faut y revenir… le plus tôt possible avec élégance. Si vous « perdez le fil », la personne sortira de « sa transe ».

4° Le conscient et l'inconscient.

« Vous êtes entré dans cette pièce
avec votre esprit conscient et
votre esprit inconscient ».
Milton Erickson

La plupart des personnes qui s'adressent à une personne pensent s'adresser à une seule entité, ça n'est pas le cas, vous vous adressez en simultané à l'inconscient et au conscient.

a) L'inconscient et le conscient n'ont pas le même langage.

« Ne t'inquiète pas, je ne serai pas en retard » signifie pour le conscient : « Soit **tranquille**, je serai à **l'heure** » alors que l'inconscient entend « <u>**inquiète**</u> » et « <u>**retard**</u> ».

L'inconscient n'entend que les mots et pas la structure grammaticale.

Apprenez le langage de l'inconscient…
c'est lui le grand patron.

Cependant, on dira à un enfant en maternelle :

– C'est mal de mordre ton petit camarade.
Et non pas :

– Ça n'est pas bien de mordre ton petit camarade.
Car c'est la récidive assurée.

*

b) Une communication ouverte et congruente.

Les mots que vous utilisez, le ton employé, la gestuelle doivent être en accord, aller dans le même sens. Nous retrouvons l'idée de congruence développée avec la PNL. L'inconscient repère aisément les incongruences, il vous est sans doute arrivé de ressentir un malaise sans trop en connaître la raison ?

*

c) Une communication qui concerne l'autre.

Centré sur l'autre personne, comme Milton Erickson qui en visite chez une vieille dame, s'intéresse à ses violettes. Ses violettes sont les seules choses qui comptent pour cette personne qui fait une dépression. Et ce sera pour Milton Erickson la bonne porte d'entrée de la thérapie. Cette dame va guérir de sa dépression, sortir de son isolement parce que Milton Erickson a su être utilisationnel.
La PNL a été développée en prenant Milton Erikson comme modèle (ainsi que Virginia Satir et Fritz Perls)
Ce que vous allez dire doit intéresser l'autre personne et être centré sur elle.

*

d) Soyez captivant.

Votre langage doit être à la portée de l'autre, compréhensible. Le mieux est d'utiliser le langage de l'autre, on parle alors de synchronisation. La structure du langage doit être variée. **Utilisez l'humour**, cependant sans excès… ce qui produira dans le cerveau de votre interlocuteur la sécrétion de dopamine. Faites des phrases assez courtes, ne partez pas dans de longs monologues, donnez la parole à l'autre.
Utilisez un discours imagé, des anecdotes, des métaphores pour expliquer simplement des choses parfois compliquées.

Pour finalement entendre la personne dire :

« Il est déjà cette heure, je n'ai pas vu le temps passer ».
La personne était en hypnose.

*

e) Dans un groupe, distribuez la parole.

Ce sont les leaders qui distribuent la parole.

L'une des choses les importantes consiste à ne pas monopoliser la parole pour soi, à permettre à chacun de s'exprimer. Et lorsqu'une personne s'est exprimée, adressez-vous à quelqu'un d'autre :
– Jean, voulais-tu ajouter quelque chose ?
Cela attirera immédiatement l'attention sur vous. Vous aurez alors le meilleur des leaderships : celui de la bienveillance et de la prise en compte des autres.

*

f) Soyez émotionnellement impliqué.

Les personnes passionnées et passionnantes captent la personne en face d'elle ou l'auditoire… parce qu'elles sont dans l'émotion.

J'ai pu voir à la télévision dire à un chanteur : « Tu chantes bien, c'est parfait, cependant tu ne m'as pas fait vibrer ».

La communication doit être émotionnelle.

*

g) Les suggestions.

Les principes et les suggestions de l'hypnose.

L'hypnose conversationnelle utilise les suggestions, les métaphores et le langage à plusieurs niveaux… la communication verbale, paraverbale et non verbale.

Les suggestions en direction de <u>l'inconscient doivent être masquées au conscient</u>.

*

Vous pouvez puiser dans vos expériences.
- **Des anecdotes** : « J'ai un ami qui… »
- **Des proverbes** : (même si l'on peut faire dire aux proverbes une chose et son contraire) :
« Une pomme ne tombe jamais loin du pommier ».
« Il ne faut jamais mettre la charrue avant les bœufs ».
« Qui veut aller loin ménage sa monture ».
- **Des histoires courtes**.
- **Des slogans**.
  « Vous en avez rêvé, nous l'avons fait ».
  « Think different ».
  « Just do it ».
  « Yes we can ».

- **Les citations** :
  « Le diable est dans les détails » Nietzche.
  « L'avenir appartient à ceux qui croient en la beauté de leurs rêves » Roosevelt.

*

j) Une communication subtile ou rusée…

Posez des questions d'intérêt.
Utilisez les réponses (être utilisationnel) pour renforcer la bonne relation (intérêt pour l'autre). Pensez et réagissez par rapport à l'objectif.
Les questions que vous allez poser ne sont pas simplement des recherches d'informations… elles sont porteuses de suggestions.

*

Questions/suggestions : exemples.

– Depuis quand avez-vous décidé de <u>prendre les choses à bras le corps</u> ?
Dans cette phrase, ce qui est important c'est : « Prendre à bras le corps ». On valide ainsi l'**implication du sujet**.
– Depuis quand avez-vous décidé **de vous mobiliser ?**
Voyez plus haut les principes de Rosenzweig.

– Vous avez des enfants…
– Oui… 8 ans et 10 ans…
– Ont-ils déjà fumé ?

Le but est de faire un électrochoc.
– Oh non… ! Sur un ton offusqué.
– Excusez-moi pour la question, mais il arrive que des enfants de fumeurs se cachent pour fumer, même très jeunes.

Vous savez que leurs cerveaux peuvent ressentir le manque aussi. En plus des études ont montré que les enfants de fumeurs ont **3,5 fois plus de chance de devenir fumeurs** (citation) très tôt. Mais ça n'est pas l'objet de votre visite, vous êtes là pour vous.

– … Je leur ai interdit…

– **Oui, je comprends**, mais si je vous interdis de fumer… ça ne marchera pas. Revenons à vous.

Je sens bien que j'ai impacté ! Je ne persiste pas dans cette voie. La graine est semée, je vais vite parler d'autre chose, et aussi retravailler la qualité de la relation qui a probablement baissé un peu.

*

Des questions d'implication.

– D'après vous, <u>idéalement</u>… si tout était possible (j'ouvre, déconnexion du monde réel) <u>comment</u>… (orientation solutions… plutôt que « pourquoi » qui dirige vers le problème).

~

5. Communication d'influence.

Alors ? Hypnose conversationnelle ou conversation hypnotique ? À moins qu'il ne s'agisse tout simplement d'une **communication d'influence positive en direction de l'inconscient ?** … « Je parle à ton conscient et c'est ton inconscient qui m'écoute et m'entend ».

~

6. Conclusion.

L'hypnose conversationnelle est une forme d'hypnose non pas sans transe, comme nous le disons trop souvent, mais avec une transe différente de celle que nous avons à la suite de l'induction. Le point commun est la déconnexion avec l'environnement.

Elle se donne comme priorité de **s'adresser à l'inconscient**, ce qui demande une vraie maîtrise des mots, de la manière de les prononcer et de la gestuelle.

Pour bien pratiquer l'hypnose conversationnelle, il est indispensable d'avoir une très bonne connaissance de l'hypnose.

~

7. Exercice.

Entraînez-vous dans un premier temps avec les mots… positifs et négatifs.

Entraînez-vous à utiliser l'hypnose conversationnelle en toute circonstance… soyez captivant, soyez en écoute puissante. Travaillez votre présence.

Si vous avez fait votre apprentissage dans l'ordre du livre, vous vous apercevrez que c'est simple.

(Voir dans le chapitre exercice).

~

CHAPITRE VI : CNV
COMMUNICATION NON VIOLENTE.

L'art de la communication, au cœur de la relation, au cœur d'une vie heureuse.

1° Introduction.

La CNV ou communication non violente a été développée vers 1970 par **Marshall B. Rosenberg (1943-2015).**
Marshall B. Rosenberg prenait dans ses conférences deux peluches qu'il faisait réagir : une girafe parce qu'avec son long cours elle voit les choses de haut et qu'elle a un grand cœur et un chacal parce que c'est l'inverse.

Marshall B. Rosenberg a écrit un livre que je vous recommande : « *Les mots sont des fenêtres (ou bien ce sont des murs)* ». Nous allons découvrir que, si l'énoncé du protocole est simple (observation) la mise en application est plus compliquée (jugement).

Je profite de cette occasion pour situer chronologiquement les différentes disciplines :

*

• **L'analyse transactionnelle.**
Elle a été développée par Éric Berne (1910-1970) en 1956.

*

• **La PNL**

Elle est née dans les années 70 sous l'impulsion de John Grinder et Richard Bandler. Elle provient pour l'essentiel de la modélisation (tout au moins au début) de Milton Erickson, Fritz Perls et Virginia Satir et de l'influence de l'école de Palo Alto.

*

• L'hypnose conversationnelle.

Pour ce qui est de l'hypnose, elle existe depuis la nuit des temps, mais prenons comme repère Bernstein (École de Nancy -1880) et Milton Erickson, dont le premier article sur l'hypnose date de 1932.

*

• Carl Rogers.

Citons également un personnage important en communication, **Carl Rogers** (1902-1987), qui développera l'approche centrée sur la personne. Il inspirera Marshall B. Rosenberg.
Carl Rogers met l'accent sur l'écoute active et sur l'empathie.

*

L'utilisation de la CNV va être facilitée par tout ce que vous avez lu précédemment. Je propose quant à moi d'associer entre elles ces différentes techniques.
Par exemple, je vous invite à commencer par créer une bonne relation en vous appuyant sur la manière de créer le rapport avec la PNL.

~

L'art de la communication, au cœur de la relation, au cœur d'une vie heureuse.

2° Principes de base.

La CNV est basée sur **l'écoute et l'empathie**… écoute de soi et des autres, empathie vers soi et vers les autres. En ce sens, nous pouvons dire que la CNV est d'inspiration Rogerienne en ce qui concerne les principes de bases.
• Écoute de soi : quelles sont mes **émotions** et que signifie-t-elle en ce qui concerne mes **besoins** ?
• Écoute des autres : nous sommes tous différents (nous retrouvons cette notion dans la carte du monde de la PNL).
Ces deux formes d'écoute nécessitent une prise de recul que l'on appelle position méta en PNL et État du Moi Adulte en Analyse transactionnelle.
• Empathie. Empathie vers soi-même (auto-empathie) et empathie vers les autres.

• **Le grand intérêt de la CNV** est qu'elle propose une méthode.
En soi, la méthode est simple, la mettre en pratique est un peu plus compliqué et demande de l'entraînement.

• **La CNV est une méthode en quatre points.**
   • L'observation.
   • Le sentiment (sensations et émotions).
   • Le besoin.
   • La demande.

~

3° L'observation.

« La plus haute forme de l'intelligence humaine est la capacité d'observer sans évaluer ».
Jiddu Krishnamurti (1895-1986)

Toutes les techniques que nous avons abordées dans ce manuel présentent cette caractéristique d'observation qui répond à une question simple :
Quels sont les faits ? Il s'agit de décrire. C'est la posture en analyse transactionnelle de l'adulte et en PNL de la position méta. On parle de ce que l'on voit, de ce que l'on entend, de ce que l'on ressent, c'est ce que nous appelons en PNL : le (VAKOG).
– Que se passe-t-il ?
C'est une approche non émotionnelle et qui, pourtant, n'exclut pas l'émotion, mais juste pour la nommer et non l'exprimer :
– Qu'est-ce que je ressens ?
Ce qui pourra nous allons le voir déboucher sur le besoin non satisfait.

*« Le principe premier de l'observation est **de ne pas juger** et de **ne pas évaluer** ».*

Nous sommes des « machines à juger » (ce qui est un jugement), il ne sera donc pas aisé de se débarrasser de cette habitude. Or, lorsque nous jugeons, nous jugeons par rapport à notre propre système de référence (appelé en PNL carte du monde), c'est-à-dire nous, sans tenir compte de l'autre.

Erreur fréquente : rechercher les torts des autres.
Nous avons tendance à rechercher les torts de l'autre (selon nous) au lieu tout simplement de regarder quels sont les besoins chez nous et chez l'autre.
Il s'agit tout simplement de tourner le projecteur vers les besoins plutôt que vers les supposés torts.

Plutôt que d'interpréter, questionner.
Deux questions :
– Qu'est ce qui me manque en ce qui concerne mes propres besoins pour ça aille bien.
– Qu'est-ce qui manque à l'autre en matière de besoin pour que ce soit bien pour lui ?

~

4° Ce que nous ressentons.
(Émotions et sensations).

a) Introduction.

Nous pouvons parler de nos émotions… nous savons ce que nous ressentons.

Les émotions sont vraiment très importantes pour nous et nous devons les prendre en considération. **Elles sont utiles,** puisqu'elle nous adresse une information, ensuite, **elles peuvent être agréables ou désagréables**.

Mais ce n'est pas ce que nous devons faire en premier, sinon ce sont elles qui vont prendre la direction des opérations.
Une étude réalisée aux États-Unis a recensé plus de 650 mots pour désigner des émotions ou des sensations.

*

Voici quelques émotions de bases… sachant qu'elles se combineront.
– **Les sensations** : le calme, la détente, la faim, la soif, le stress, le chaud, le froid, la douleur, le bien-être, etc.
– **Les sentiments ou émotions** : la colère, la joie, la tristesse, l'amour, la peur.

Il existe d'autres classifications :

• Suzana Bloch : joie, chagrin, peur, colère, érotisme, tendresse.
• Mac Lean : désir, irritation, crainte, chagrin, joie, attachement, amour érotique.
• Marc Wetzel : curiosité, surprise, dégoût, joie, tristesse, hardiesse, peur, sollicitude, irritation.

*

b) Que ressentons-nous ?

Les émotions et les sensations sont des messages envoyés à partir de la satisfaction et la non-satisfaction de ce qui est important pour nous.

« Je suis en colère » est un fait indéniable.

« Tu es en colère » est une interprétation de quelque chose qui, dans mon système de référence ressemble à de la colère.

Le plus souvent les personnes expriment leur colère avant même d'avoir analysé les raisons de leur colère.

*

c) Nos émotions nous empêchent d'accéder à notre interlocuteur.

Nos émotions nous empêchent **de nous centrer sur l'autre** et d'explorer notre véritable problématique, qui n'est pas toujours celle qui est apparente ni la « problématique » de notre interlocuteur.

Or, la prise en compte objective de soi et de l'autre est indispensable pour mettre en route l'**empathie** qui est un des principes fondamentaux de la CNV (ainsi que de « l'approche centrée sur la personne » de Carl Rogers).

Lorsque nous sommes dans l'émotion ou la sensation, nous n'agissons pas au mieux. Nous disons et faisons des choses que nous regrettons par la suite.

• Attention à ce que nous faisons sous le coup de la colère.
• N'allez pas faire vos courses lorsque vous avez faim.

~

« L'émotion est plus forte que la réflexion,
mais moins que la décision ».
Alain Laugier (1930-2020).

~

« Luttez contre vous-même. Qui ne peut vaincre
la colère est à demi vaincu par elle.
Si elle fermente au fond de l'âme, étouffez ses
premiers symptômes. Il nous en coûtera de
pénibles efforts, car cette passion veut faire
explosion, jaillir des yeux en traits de flamme,
bouleverser toute la face humaine.
Repoussons-la jusqu'au fond de notre âme,
qu'elle soit maîtrisée, et non maîtresse »
Sénèque traité sur la Colère en 41 après J.C

~

d) Les émotions sont virales.

Si vous vous adressez à une personne par de la colère, il est possible que cela engendre de la colère chez l'autre avec un risque d'escalade symétrique.

À moins qu'il ne se mette dans une position basse avec une rancœur possible.

C'est pour cette raison que nous ne devons pas commencer un échange par l'expression de l'émotion.

Toutes les techniques abordent cette question de cette manière, la PNL parle de position méta (position d'analyse et de réflexion), en analyse transactionnelle on parle de l'État du Moi Adulte.

Remarque :
Mes étudiants étaient souvent surpris lorsque je leur disais qu'il m'arrivait de me mettre en colère.
La colère n'est pas interdite, mais elle ne doit pas être première. Elle intervient après un processus de réflexion et d'analyse.
Et en dernier recours, lorsque tout a échoué, c'est-à-dire très rarement.

~

L'art de la communication, au cœur de la relation, au cœur d'une vie heureuse.

5° Les besoins.

Les besoins sont tous simplement ce que nous voulons. Ces besoins doivent être exprimés positivement et idéalement que nous puissions nous en faire une représentation.

Par exemple, dire :
– Je ne veux plus commencer aussi tôt.
N'est pas précis, la personne n'a aucune idée de l'heure à laquelle vous souhaitez arriver.

Commencer par cette phrase n'est pas la meilleure façon de commencer. Il s'agit en effet d'une demande qui sera la dernière étape.

La première étape va consister à créer une bonne relation.

La deuxième étape consiste à parler de ses ressentis.

La troisième étape sera de parler de ses besoins.
Je dois conduire ma fille à l'école très tôt.

La quatrième étape sera de faire la demande.

*

a) Les besoins ordinaires.
Il existe des besoins que nous pouvons qualifier de besoins ordinaires. Ce qui ne signifie nullement qu'ils ne soient pas importants pour la personne, mais simplement qu'ils ne sont pas universels.

*

b) Les besoins fondamentaux.

Les besoins fondamentaux sont des besoins communs au plus grand nombre de personnes.

Citons :
• Les besoins fondamentaux Manfred Max-Neef (1932-2019) :
La subsistance, la protection, l'affection, la compréhension, la participation, l'oisiveté au sens de loisirs, la créativité, l'identité, la liberté.

Ces besoins fondamentaux qui seraient communs à toute l'humanité ne sont pas hiérarchisés. À l'exception de la subsistance sans laquelle les autres besoins ne peuvent exister.

*

• Les besoins fondamentaux selon Abraham Maslow (1908-1970).
Les cinq besoins fondamentaux :
   – Physiologiques.
   – Sécurité.
   – Appartenance et amour des autres.
   – Estime de soi et estime des autres.
   – Accomplissement.

Remarque : l'organisation sous forme de pyramide n'est pas le fait de Maslow.

~

6° La demande.

La demande est maintenant possible.
Il s'agit de dire ce que vous souhaitez, **le changement que vous voulez voir s'opérer**.
Il y a une différence entre la demande et l'exigence. Il y aura un prix à payer.
Il y a une différence liée à la soumission que j'impose et cette soumission, exercera une force avec une force antagoniste qui est le prix à payer.

Une demande claire.

Nous aurons auparavant bien clarifié ce que nous voulons et comme nous l'avons vu de manière positive :
– Je ne veux plus faire comme cela est une mauvaise demande.
– Je veux faire comme cela est une bonne demande.

*

Une demande réalisable.

Il s'agit de satisfaire des besoins légitimes : les nôtres et ceux de notre interlocuteur.
Elle doit bien évidemment être réaliste et légitime.

*

Une relation gagnant-gagnant.

Nous sommes en quelque sorte dans une relation gagnant-gagnant.
La question à nous poser est :

– Qu'est-ce que je suis prêt à abandonner pour obtenir la satisfaction de mon besoin ?
Il s'agit de satisfaire les besoins des deux personnes.

*

Éviter les résistances.

Pour éviter les résistances, il faut faire les quatre étapes plus une dans l'ordre. La plus une étant de créer une bonne relation, une relation d'écoute réciproque.

~

7° La manière de dire.

Il ne suffit pas de dire les choses, car, quoi que vous disiez, cela passera par les trois canaux de la communication que nous avons vus avec la PNL

À savoir :

a) Le canal verbal.

Je vous renvoie au paragraphe sur la PNL et sur l'hypnose conversationnelle. Utilisez des mots positifs que j'appelle aussi les mots verts.

b) Le canal paraverbal.

Attention au ton utilisé pour vous exprimer, car si vous ressentez de la colère, votre voie exprimera de la colère même si vous la masquez un peu.

c) La gestuelle.

La gestuelle s'exprime souvent inconsciemment, c'est ce qu'il y a de plus difficile à contrôler.

d) La congruence.

Du coup, soyez congruent (voir le chapitre sur la PNL).

e) Soyez empathique.

C'est avec l'écoute le fondement de la CNV que l'on retrouve chez Carl Rogers dans : « L'approche centrée sur la personne et la relation ».

~

8° Conclusion.

La CNV est une approche humaniste de la communication basée sur l'écoute active et l'empathie.
Elle se déroule en quatre étapes :
- L'observation (les faits).
- Les émotions.
- Les besoins.
- La demande.

La simplicité du concept ne signifie pas que ce soit facile.
Il y a un véritable entraînement et travail sur soi à effectuer.
L'utilisation de la CNV sera facilitée par tout ce que vous aurez lu dans ce livre.

~

CHAPITRE VII :
COMMUNICATION AVEC DES
PERSONNES TOXIQUES.

L'art de la communication, au cœur de la relation, au cœur d'une vie heureuse.

1° Introduction.

La communication avec des personnes toxiques est une grande difficulté.

La plupart des problèmes peuvent éviter.

Je n'aborderai pas ici les grandes pathologies, comme la psychose, qui doit être abordée d'un point de vue psychiatrique. Même Freud avait élaboré la psychanalyse sur le traitement des névroses.

Les personnes névrotiques sont socialement adaptées, mais posent de nombreux problèmes.

~

2° La première des personnes toxiques.

La première des personnes toxiques, et cela vous surprendra, est la **personnalité médisante**.

Ce sera la plus facile « à gérer et » qui rapportera le plus de bien-être. ÉVITEZ-LA.
Elle distille son poison par toute petite dose et c'est la fréquence qui sera destructrice. Elle a souvent l'air gentille, c'est qu'elle a besoin d'une oreille attentive.

Nous allons voir dans ce qui va suivre bon nombre de personnes atteintes de pathologies plus ou moins graves. Mais la personne médisante nuit gravement à votre cerveau.

Cette personnalité médisante devient plus grave lorsqu'il y a d'autres toxicités associées.

Il m'est souvent arrivé dans un restaurant ou un bar d'être assis à côté d'une personne qui passait tout son temps à dire du mal des autres.

Soyez absolument certain qu'elle fera la même chose avec vous dès que vous ne serez pas là. Et si elle devient amie avec vous, c'est qu'elle a trouvé une oreille attentive ou qui n'ose pas la contredire. **Vous allez vous mettre à vibrer <u>négativement</u> avec elle**.

Je connais une dame qui dit du mal de tout le monde, ses enfants, son mari, sa belle-fille, son gendre, ses amis… et j'en passe.

Lorsque vous êtes en présence d'une telle personne, vous voyez la vie en sombre, un nuage gris vient au-dessus de votre tête.

En sa présence, votre cerveau baigne dans du cortisol. Le cortisol est l'hormone de la dépression.

Retrouvez plutôt des personnes qui, par **leur vraie bienveillance,** vont entraîner dans votre cerveau de la dopamine (le neurotransmetteur du bonheur), de la sérotonine (le neurotransmetteur de la sérénité), de l'ocytocine (le neurotransmetteur de l'amour et de l'attachement).

Pour conclure.

Cette personne est très nuisible à votre bien-être, voire à votre santé mentale. C'est sans doute la plus facile à éviter, mais pas toujours, car elle peut faire partie de votre famille, alors limitez les rencontres.

~

3° Différenciez la personne sans problème du névrotique et du psychotique.

Pour y voir plus clair, je vais vous donner un exemple qui concerne la paranoïa.

La paranoïa est l'idée que les autres nous veulent du mal.

Si quelqu'un vous dit qu'il se méfie des autres, ça n'est pas pour autant un paranoïaque. S'il vous dit qu'il se méfie de tout le monde… il y a une structure paranoïaque qui n'en fait pas heureusement un psychotique. Cependant, cette tendance paranoïaque peut être plus ou moins importante. Nous sommes tous un peu paranoïaques, nous nous méfions des personnes que nous ne connaissons pas et ceci se remarque dès l'enfance. C'est un système de protection lié à notre instinct de survie, à notre sécurité.

~

Maintenant, voyons un exemple.
Tout est une question de curseur. Nous sommes en présence d'un continuum.

• Une personne « normalement paranoïaque ».

Cette personne garde instinctivement une certaine distance physique et dans les échanges. Il faudra attendre un peu de « réchauffer » l'atmosphère.
J'ai toujours fait remarquer à mes étudiants que lorsqu'ils se retrouvent dans la salle de pause la première fois, ils sont dos au mur et un certain silence règne. Cela se termine dès la deuxième pause.

*

• Le paranoïaque névrotique.

Il se méfie de tout le monde, même lorsqu'il connaît les personnes. Il s'attend à tout moment à une traîtrise… on lui en veut et il sélectionne les exemples, voire il les déforme pour argumenter dans ce sens. Il ne fait confiance en personne.

*

• Le paranoïaque psychotique.

Tout le monde lui en veut, il peut passer à tout moment en crise psychotique. Il entre dans la cuisine, sa femme est au téléphone. Il pense que sa femme est en train d'appeler son amant pour l'assassiner. Ou si sa femme est à proximité des couteaux, il pense qu'elle s'est mise ici pour l'assassiner dès qu'il aura le dos tourné.
Une crise psychotique peut s'accompagner d'hallucinations.

~

4° Les personnes à problèmes ou toxiques.

L'impact d'une personne toxique sur vous va dépendre de votre seuil de tolérance.

Gérer une personnalité toxique est très difficile. La première chose à faire est de ne pas attribuer un trouble à une personne qui n'en a pas. Peut-être tout simplement que la personne ne vous apprécie pas.
Il vous suffit alors d'avoir une conversation avec cette personne et d'utiliser toutes les techniques présentes dans ce manuel.
Vous pouvez vous faire aider d'un psychiatre ou d'un psychologue pour poser correctement le diagnostic.
S'il s'avère que cette personne est vraiment toxique, alors il faudra la rencontrer le moins possible, voire pas du tout… c'est ce que j'appelle le « changement de trottoir ».
J'ai dû me séparer de deux personnes trop toxiques.

• Les personnes toxiques génèrent du stress et peuvent être à l'origine de maladies graves. La victime est fatiguée mentalement.

• Lorsque la personne toxique agit pendant un certain temps, elle peut être à l'origine d'une dévalorisation importante : perte d'estime de soi et de confiance en soi. On culpabilise de mal agir, de ne pas être à la hauteur.

• Elles peuvent également provoquer des troubles psychosomatiques qui peuvent aller jusqu'au cancer.

• Parfois, une victime peut prendre « fait et cause » pour son persécuteur on parle alors de « **syndrome de Stockholm** ». Elle fait alors preuve d'empathie de la part de son persécuteur.

• Une personne toxique est souvent égocentrée, elle travaille pour elle.

• Elle est souvent envahissante, jette son dévolu sur une personne et en utilise d'autres pour soutenir ses efforts.

*

a) La personnalité paranoïaque.

Je vous l'ai donnée en exemple ci-dessus.

Voici simplement la Classification dans le DSMV (critères diagnostiques de l'Américan Psychiatric Association) sous le N° 301.90 et par l'OMS (CIM10) sous le N° F60.80.

*

b) Le pervers narcissique.

Je parlerai en premier du pervers narcissique tout d'abord parce qu'il est redoutable, mais aussi parce qu'il y en a beaucoup moins qu'on veut bien le dire.

Le pervers narcissique est en tout premier lieu narcissique : « Je suis le meilleur et cette personne est particulièrement nulle). En second lieu, il est également pervers, ça n'est pas tant qu'il prend du plaisir à faire du mal, mais surtout qu'il prend du plaisir à mettre l'autre sous sa domination. C'est ce deuxième point qui pose le plus de problèmes, elle va vous faire du mal (position

bourreau du triangle de Karpman, voir le chapitre Analyse Transactionnelle).
Dès qu'il vous sentira affaibli, il viendra à votre secours pour vous aider à remonter la pente.
En gros, il joue au jeu sadique : « Le chat et à la souris ».

Ce type de personne ne consulte jamais... son entourage, oui. Un ami psychiatre m'avait dit lorsque tu croises ce genre de personne, change de trottoir. Ce n'est pas toujours possible, notamment lorsque cela concerne un membre de la famille ou un collègue de travail.

*

c) Le narcissique.

Classé dans le DSMV (critères diagnostiques de l'Américan Psychiatric Association) sous le N° 301.80 et par l'OMS (CIM10) sous le N° F60.81.

Il fait mieux que tout le monde. Il est mal entouré. Il se sent plus beau et plus intelligent, mais n'en retire aucun plaisir. Il est en position haute.

*

d) Le jaloux.

Là encore, il faut différencier la simple jalousie qui témoigne d'un attachement à l'autre, de la forme grave qu'est la jalousie obsessionnelle.
La jalousie obsessionnelle est souvent la conséquence d'un manque d'estime de soi et de confiance. Elle est classée dans le DSMV (critères diagnostiques de l'Américan Psychiatric Association) sous le N° 300.3 et par l'OMS (CIM10) sous le N° F42.

• La jalousie peut s'exercer envers une personne (sa femme ou son mari). Il est dans la méfiance extrême.

• La jalousie peut s'exercer contre des biens matériels. Mais aussi contre une position sociale, ou l'exercice d'une profession.

Le jaloux n'est pas conscient de sa jalousie, mais est difficile à vivre autant au niveau personnel que professionnel.

*

e) Le manipulateur.

C'est une personne dangereuse, car elle « fait ses coups » en dessous. Elle veut avoir une emprise sur une ou plusieurs personnes autant dans son univers personnel (parents, mari, femme, enfants...) que professionnel.
La hiérarchie pour elle ne compte pas. Elle est adroite, elle sait semer des graines ou plutôt des virus dans l'esprit des gens.
Elle peut, par exemple, dire quelque chose et le démentir immédiatement :
– On m'a dit qu'il voulait ton poste, mais je ne le crois pas du tout.
– Tu le crois toi, ce qu'on dit qu'il veut ton poste ?
– Je ne savais pas
– Désolé de te l'apprendre, ce sont probablement des bavardages.
Elle séduit les uns pour mieux nuire à d'autres.

*

f) L'antisocial.

Classé dans le DSMV (critères diagnostiques de l'Américan Psychiatric Association) sous le N° 301.7 et CIM 10 (classification OMS) F60.2).
Il est un peu par ses comportements le contraire du manipulateur, car ses attaques sont frontales.
On pourrait le décrire comme un égoïste pur, sans foi ni loi, incapable d'empathie.

Il est décrit dans le DSM V.
Il n'est pas manipulateur, car très blessant. Comme il n'a peur de rien, il est redouté… on n'ose pas lui faire face.
Il est capable de menaces clairement exprimées et de violences si l'on s'oppose à lui, personnage dangereux.

~

L'art de la communication, au cœur de la relation, au cœur d'une vie heureuse.

CHAPITRE VIII : EXERCICES.

L'art de la communication, au cœur de la relation, au cœur d'une vie heureuse.

Exercices

1° Regardez toutes les mimiques de votre interlocuteur.

En PNL, nous appelons ce mécanisme la calibration. Il ne s'agit pas d'interpréter… trop risqué, car nous interprétons en fonction de notre propre système de référence.
Il s'agit simplement de poser une question :
– Qu'en penses-tu ?
Nous interprétons trop, nous jugeons trop.
Le plus efficace est d'interroger.

~

2° Développez votre observation du regard.

Observez avec acuité (scrutez) le regard de votre interlocuteur. Essayez de repérer tous les changements. Lorsqu'un froncement de sourcils apparaît, informez-vous sur la raison avec une question comme :
– Qu'est-ce que tu en penses ?

Évidemment, ne demandez pas à la personne pourquoi elle fronce les sourcils, c'est un peu trop direct… quoique !

~

2° Synchronisation sur votre interlocuteur.

Tout en sachant que cette technique est relativement manipulatrice.
• Adopter la même posture.
• Faites le même type de mouvement que votre interlocuteur.
• Si vous avez les mêmes valeurs, les mêmes croyances, mettez-le en avant… si ça n'est pas le cas, ne dites rien.
• si vous éprouvez des émotions similaires à celles de votre interlocuteur… dites-le. « Je suis comme toi, je suis très touché par ce qui se passe actuellement… ».

~

3° Soyez congruent.

C'est une qualité essentielle en communication. La congruence donne de la puissance et contribue à augmenter votre charisme.
Apprenez à vous mettre au clair à chaque fois qu'une question importante va vous être posée.

4° Les positions de perception

Déposer sur le sol trois feuilles de papier sur lesquelles vous écrivez : P1 ; P2 ; P3. À chaque fois que vous passez d'une position à une autre (voir chapitre sur les positions de perception), vous vous déplacez sur une feuille.

5. Les États du Moi

Apprendre à reconnaître dans quel état du moi la personne se trouve.

Il n'y a pas de bons ou de mauvais états du moi en soi, cela dépend du contexte.

1. Je t'encourage à poursuivre.
2. Ça s'est passé comme ça.
3. C'est comme ça que ça doit être.
4. Si tu as besoin d'aide, je suis là.
5. Avec vous, ça ne changera jamais.
6. Qui ? Quoi ? Comment ?
7. Rien ne sert de courir, il faut partir à point.
8. Super !
9. C'est génial ce truc.
10. Si vous voulez.
11. C'est ringard ce que vous dites.
12. Pourquoi moi ?
13. J'aimerais, si vous le voulez bien…
14. Les faits sont…
15. J'aime ou je n'aime pas.
16. La structure est fondamentale.
17. Cette personne n'est pas fiable.

18. C'est bon pour toi de…
19. C'est une question de principe.
20. Je serais toujours là pour vous.
21. Effectivement, c'est correct.
22. Ah zut !
23. Si ça ne vous ennuie pas.
24. J'évalue.
25. C'est n'importe quoi de faire comme ça.
26. Avec vous, ça ne changera jamais.
27. Je m'adapte aux règles.
28. Je vous invite à faire une pause.
29. C'est l'heure de la pause.
30. Me permettez-vous de…
31. J'ai envie de faire autrement.
32. Ce que vous dites est bien.
33. Oui, mais ce n'est pas ma faute.
34. Je constate.
35. Je me sens triste.
36. J'ai les informations.
37. Ah ce qu'on s'amuse avec vous.
38. Ce film est ridicule et sans intérêt.
39. Serait-ce possible de…
40. Je vous félicite.

~

6° Communication et États du Moi.

Pour chacune des phrases, imaginez ce qu'une personne, connectée à différents États du Moi, aurait pu répondre à la suite de la phrase prononcée.

Remarque : Il s'agit d'une réponse possible, vous pouvez imaginer plusieurs contextes.

1. Je t'encourage à poursuivre.
-

-

-

2. Ça s'est passé comme ça.
-

-

-

3. C'est comme ça que ça doit être.
-

-

-

4. Si tu as besoin d'aide, je suis là.
-

-

-

5. Avec vous, ça ne changera jamais.
-

-

-

6. Qui ? Quoi ? Comment ?
-

-

-

7. Rien ne sert de courir, il faut partir à point.
-

-

-

8. Super !
-

-

-

9. C'est génial ce truc.
-

-

-

10. Si vous voulez.

-

-

-

~

7° Les transactions

1) Trouver trois exemples de réponses possibles qui impliquent différents états du moi et dessiner les transactions.
2) Lire les phrases en utilisant la communication para verbale et non verbale.

EXEMPLE :
Question : « Je vous invite à faire une pause. »

Réponses possibles
1) C'est gentil, merci.
2) Reposez-vous aussi, ça va vous faire du bien.
3) Une pause de combien de temps ?

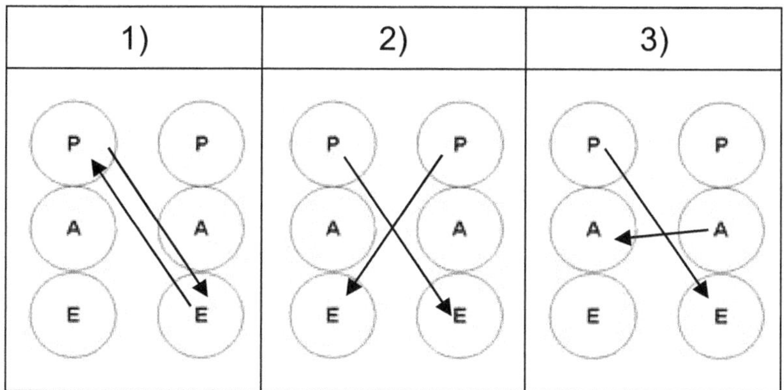

L'art de la communication, au cœur de la relation, au cœur d'une vie heureuse.

EXERCICE 1
Question : « Cette personne n'est pas fiable ».

Imaginez des réponses possibles.
1)
2)
3)

Faites des flèches rejoignant les États du Moi concernés

1)	2)	3)
P P A A E E	P P A A E E	P P A A E E

EXERCICE 2.
Question : « C'est génial ce truc ».

Imaginez des réponses possibles.
1)
2)
3)

Faites des flèches rejoignant les États du Moi concernés

1)	2)	3)
P P A A E E	P P A A E E	P P A A E E

EXERCICE 3

Question : « Où est mon guide de la Bretagne ? »

Imaginez des réponses possibles.
1)
2)
3)

Faites des flèches rejoignant les États du Moi concernés

1)	2)	3)
P P A A E E	P P A A E E	P P A A E E

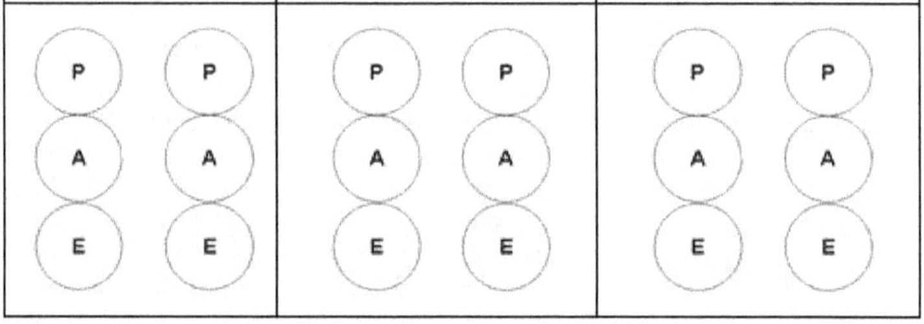

EXERCICE 4

Question : « Si ça ne vous ennuie pas, ça me va aussi ».

Imaginez des réponses possibles.
1)
2)
3)

Faites des flèches rejoignant les États du Moi concernés

1)	2)	3)
P P A A E E	P P A A E E	P P A A E E

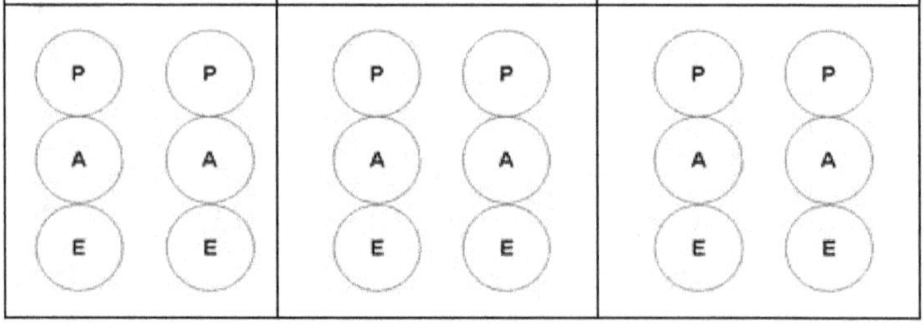

EXERCICE 5
Question : « C'est n'importe quoi de faire ça ! »

Imaginez des réponses possibles.
1)
2)
3)

Faites des flèches rejoignant les États du Moi concernés.

1)	2)	3)
 P P A A E E	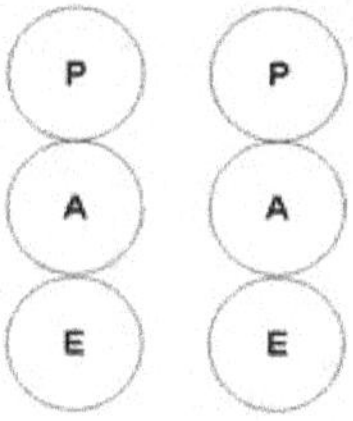 P P A A E E	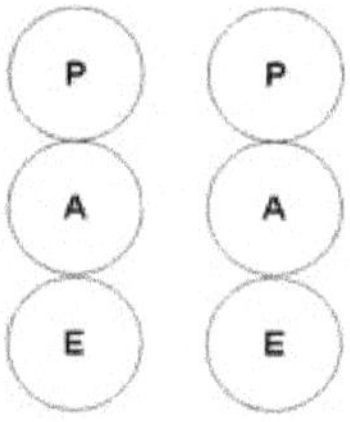 P P A A E E

EXERCICE 6
Question : « Et si on faisait la fête ce soir ? »

Imaginez des réponses possibles.
1)
2)
3)

Faites des flèches rejoignant les États du Moi concernés.

1)	2)	3)
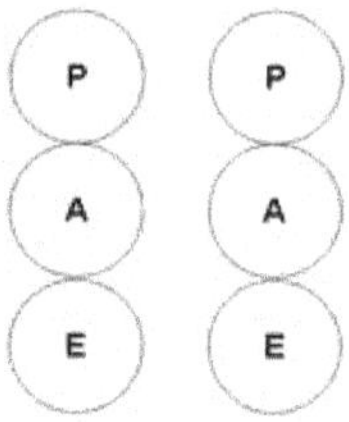 P P A A E E	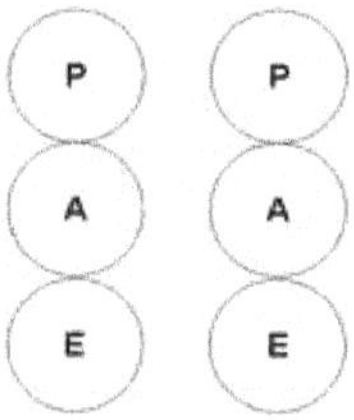 P P A A E E	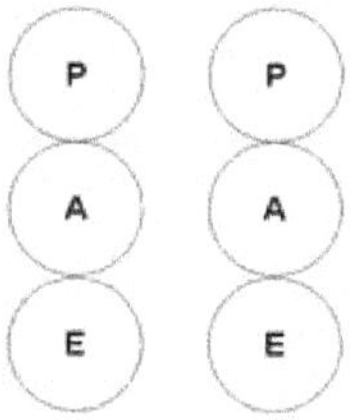 P P A A E E

8° Les États du Moi

Parent critique.

–

–

–

–

Parent nourricier.

–

–

–

–

Adulte.

–

–

–

–

Enfant libre

–

–

–

–

Enfant adapté soumis

–

–

–

Enfant adapté rebelle.

–

–

–

–

9° Les signes de reconnaissance.

Quels sont les signes de reconnaissance <u>conditionnels positifs</u> qui vous ont fait plaisir ?

-
-
-
-
-

Quels sont les signes de reconnaissance <u>conditionnels positifs</u> que vous aimeriez entendre ?

-
-
-
-
-

Quels sont les signes de reconnaissance <u>conditionnels négatifs</u> que vous n'aimeriez pas entendre ?

-
-
-
-
-

<table>
<tr><td>Quels sont les signes de reconnaissance <u>inconditionnels positifs</u> que vous aimeriez entendre</td></tr>
<tr><td>–

–

–

–

–</td></tr>
</table>

10° L'hypnose conversationnelle.

a) Entraînez-vous à n'utiliser que des mots positifs

« Tout va bien » plutôt que « pas de soucis ».

Sauf pour des raisons de sécurité :

« C'est mal de traverser en dehors des passages piétonniers » plutôt que ça n'est pas bien de traverser en dehors des passages piétonniers.

b) Recherchez les expressions ou mots négatifs que vous utilisez.

–

–

–

–

c) Entraînez-vous à distribuer la parole.

d) Fixez l'attention.

e) Notez une dizaine de citations, proverbes, anecdotes.

f) Entraînez-vous à utiliser des métaphores.

~

ANNEXE

L'art de la communication, au cœur de la relation, au cœur d'une vie heureuse.

L'art de la communication, au cœur de la relation, au cœur d'une vie heureuse.

Persuasion : Les principes de Cialdini.

Cette approche tirée de la psychologie sociale est plus une technique de persuasion, voire de manipulation. C'est pour cette raison que nous l'avons placée en annexe.

Robert Cialdini est **professeur de psychologie sociale** à l'université d'Arizona. Pour étudier les mécanismes de persuasion, pendant trois ans, il se fait recruter et former incognito comme vendeur. Il apprend au contact des vendeurs de voitures d'occasion, des vendeurs en télémarketing…

En contact avec des situations de la vie réelle, Robert Cialdini identifie sept principes majeurs de l'influence :
• La réciprocité.
• La sympathie.
• La rareté.
• La preuve sociale.
• L'autorité.
• L'engagement et la cohérence.
•Le principe de contraste.

*

1° La réciprocité.
Lorsqu'une personne nous a fait une faveur, nous nous sentons redevables vis-à-vis de cette personne. Il est donc important même symboliquement de vous acquitter « d'une dette » même non monétaire.

*

2° La sympathie.

Lorsque nous sommes dans une relation amicale avec une personne, nous sommes plus enclins à accepter des choses de sa part.

La PNL, par exemple, ne propose pas la mise en place d'une relation amicale. Elle propose la mise en place du rapport : relation de confiance, de respect et de sécurité.

*

3° La rareté.

Nous sommes d'autant plus désireux d'acquérir quelque chose que celle-ci est présentée comme rare (Stratégie de lancement d'Apple).

Soyez rare. Différenciez-vous : chacun a le devoir d'être différent. Travailler votre propre style. Ce qui est une des clés du charisme.

« Nous avons le devoir d'être différents »
Stuart Mill

*

4° La preuve sociale.

Nous avons une tendance naturelle à penser que la majorité a raison. Plus il y a de monde dans un restaurant et plus nous pensons que celui-ci est un bon restaurant. Le monde appelle le monde.

*

5° L'autorité.

Une personne connue pour être un expert ou très diplômée dispose d'un pouvoir d'influence plus important.

*

6° L'engagement et la cohérence.

Si l'on souhaite que la personne fasse quelque chose, il ne suffit pas qu'elle dise : « oui ».

Il faut l'amener à prendre l'engagement de le faire. Nous avons du mal à ne pas tenir nos engagements. Une personne a décidé de faire un coaching, faites-lui signer le contrat… maintenant.

Lorsque la personne s'est engagée et qu'il survient un incident qui pourrait remettre son achat en question (changement de couleur, augmentation du prix) elle a tendance à poursuivre ses engagements pour être en cohérence par rapport à ses engagements, et ceci sans aucune pression.

*

7° Le principe de contraste.

Un jugement sur un élément N2 (situation, contexte, produit…) peut être affecté positivement ou négativement par un élément N2 examiné préalablement.

Plongez votre main dans un seau d'eau chaude, puis dans un seau d'eau tiède, l'eau vous paraîtra plus froide que si vous aviez au préalable plongé votre main dans un seau d'eau froide.

Le prix d'un produit vous paraîtra moins cher si on vous a au préalable présenté un produit beaucoup plus cher.

*

Conclusion des principes de Cialdini.

Plus que de la communication, il s'agit de pièges dans lesquels il ne faut pas tomber. Je voulais néanmoins le développer pour vous éviter des déboires.

~

L'art de la communication, au cœur de la relation, au cœur d'une vie heureuse.

Conclusion générale.

Vous avez trouvé dans ce livre les principales techniques de communication. Parfois, elles se superposent, parfois elles se complètent. Savoir bien communiquer nécessite de l'entraînement. Il est probable que, dans un premier temps vous rencontriez des difficultés.

Vous allez sans doute trouver que vous manquez de naturel. Le naturel n'a rien à voir avec cela, c'est simplement que ça n'est pas votre manière habituelle de fonctionner.

Acceptez cette maladresse de départ, souvenez-vous la première fois que vous avez appris à faire du vélo ou regardez un bébé qui apprend à marcher… vous avez été comme lui.

Votre cerveau doit établir de nouvelles connexions, il lui faut du temps, de la répétition pour former de nouveaux circuits.

Lorsque ces connexions seront établies, vous deviendrez inconsciemment compétent, c'est-à-dire que vous ferez bien les choses sans même vous en apercevoir.

Votre nouvelle de communiquer réduira de façon considérable le risque de conflit, vous fera davantage apprécier des autres. Et du coup, vous serez sur le chemin d'une vie plus heureuse.

Ce livre complète parfaitement mes précédents ouvrages, mais tout particulièrement : *« Estime de soi et confiance en soi et épanouissement personnel : les trois clés du bonheur »*.

FIN

Coaching par le Dr Robert Larsonneur

L'art de la communication, au cœur de la relation, au cœur d'une vie heureuse.

L'art de la communication, au cœur de la relation, au cœur d'une vie heureuse.

L'art de la communication, au cœur de la relation, au cœur d'une vie heureuse.

L'art de la communication, au cœur de la relation, au cœur d'une vie heureuse.

Du même auteur.

1° Autoformation à la PNL — 2ème édition.

2° Formation PNL, niveau I — Tome 1 : Les bases de la PNL, l'art de la communication et de la relation humaine.

3° Formation à la PNL, niveau I — Tome 2 : Transformez votre vie avec la PNL.

4° Formation à la PNL niveau II : La gestion des émotions.

5° Formation à la PNL niveau III : Réparer son passé avec la PNL.

6° Hypnose ericksonienne, hypnose elmanienne et nouvelle hypnose (620 pages).

7° Rester jeune et même rajeunir et rester en bonne santé (551 pages).

8° Perdez du poids sans jamais en reprendre avec la nutrition et le mental.

9° Un roman : SOLEME

10° Développez votre estime et votre confiance en vous. La clé de votre épanouissement.

11° L'art de la communication, au cœur de la relation, au cœur d'une vie heureuse.

12° La sérénité enfin retrouvée pour une relation enfant/parents apaisée.

13° Retrouvez le sommeil. Techniques et méthodes pour un sommeil de qualité.

14° Aide-toi et prend les rênes de ta vie. Le livre du développement personnel.

15° Stop à l'insomnie. Les troubles, les causes, les solutions.

16° Stop au tabac grâce à l'hypnose et l'autohypnose.

17° Stop à la douleur grâce à l'autohypnose et l'autohypnose guidée.

18° Les 7 clés pour réussir une séance d'hypnose.

19° Les 7 clés de votre santé et de votre longévité.

Vous découvrirez de nombreuses vidéos sur la PNL et sur l'hypnose. (200 vidéos).

Site du Dr Larsonneur

Chaîne YouTube

I — Autoformation en PNL (535 pages).

Informations
et commande
(sur AMAZON)

II — Formation PNL niveau I — tome 1 (284 pages). L'art de la communication et de la relation humaine. Les bases de la PNL.

Informations
et commande
(sur AMAZON)

III — Formation PNL niveau I — tome 2 (234 pages). Transformez votre vie avec la PNL

Informations
et commande
(sur AMAZON)

IV — Formation PNL niveau II Gestion des émotions — conflits internes.

Informations et commande (sur AMAZON)

V - Formation PNL niveau III - Réparer son passé avec la PNL

Informations et commande (sur AMAZON)

VI — Hypnose ericksonienne, elmanienne et nouvelle hypnose. (626 pages).

Informations et commande (sur AMAZON)

VII — Rester jeune et même rajeunir.

Informations
et commande
(sur AMAZON)

VIII — Roman Soleme.

Informations
et commande
(sur AMAZON)

IX - Estime de soi et confiance en soi. Épanouissement personnel.

Informations
et commande
(sur AMAZON)

X— L'art de la communication au cœur de la relation et au cœur d'une vie heureuse.

Informations et commande (sur AMAZON)

XI — Perdez du poids sans jamais en reprendre.

Informations et commande (sur AMAZON)

XII — Éducation bienveillante pour l'épanouissement des enfants et des parents

Informations et commande (sur AMAZON)

XIII — Retrouvez le sommeil
Techniques et méthodes pour un sommeil de qualité.

Informations
et commande
(sur AMAZON)

XIV — Aide-toi et prends les rênes de ta vie.

Informations
et commande
(sur AMAZON)

XV Stop à l'insomnie. Les troubles, les causes, les solutions.

Informations
et commande
(sur AMAZON)

XVI — Stop au tabac grâce à l'Hypnose et l'autohypnose.

Informations
et commande
(sur AMAZON)

XVII - Stop à la douleur grâce à l'autohypnose et l'autohypnose guidée.

Informations
et commande
(sur AMAZON)

XVIII — les 7 clés pour réussir une séance d'hypnose.

Informations
et commande
(sur AMAZON)

XIX — les 7 clés de votre santé et de votre longévité.

Informations
et commande
(sur AMAZON)

Coaching

Ma chaîne YouTube

Le site internet.

Notes personnelles

Notes personnelles

L'art de la communication, au cœur de la relation, au cœur d'une vie heureuse.

9 782958 826079